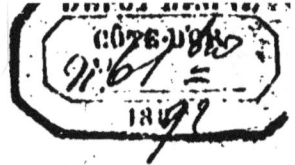

NOTICE SUR LA COMMUNE
ET
LES VINS DE BEAUNE

SUIVIE DE LA

NOMENCLATURE DES CLOS ET DES PROPRIÉTAIRES

ILLUSTRÉE DE NOMBREUSES VUES DES PRINCIPALES PROPRIÉTÉS

EXTRAIT DE L'OUVRAGE

LES GRANDS VINS DE BOURGOGNE
(LA CÔTE-D'OR)

PAR

M. R. DANGUY

PROFESSEUR A L'ÉCOLE DE VITICULTURE DE BEAUNE

Avec la collaboration pour la partie historique de

M. Ch. AUBERTIN,

OFFICIER D'ACADÉMIE, ETC

DIJON
LIBRAIRIE H. ARMAND
SUCCESSEUR DE ROPITEAU

1892

A LA MÊME LIBRAIRIE :

LES GRANDS VINS DE BOURGOGNE
(La Côte-d'Or)

Un fort volume in-8° écu avec cartes . . . . 6 fr.

BORDEAUX ET SES VINS

Un volume illustré avec cartes . . . . 8 fr.

EN PRÉPARATION :

LES GRANDS VINS DU MACONNAIS, DU CHALONNAIS ET DU BEAUJOLAIS

LES GRANDS VINS DE CHAMPAGNE

DIJON. — IMPRIMERIE DARANTIERE, RUE CHABOT-CHARNY, 65.

NOTICE

SUR LA

COMMUNE ET LES VINS
DE BEAUNE

NOTICE SUR LA COMMUNE

ET

LES VINS DE BEAUNE

SUIVIE DE LA

NOMENCLATURE DES CLOS ET DES PROPRIÉTAIRES

ILLUSTRÉE DE NOMBREUSES VUES DES PRINCIPALES PROPRIÉTÉS

EXTRAIT DE L'OUVRAGE

LES GRANDS VINS DE BOURGOGNE

(LA COTE-D'OR)

PAR

M. R. DANGUY

PROFESSEUR A L'ÉCOLE DE VITICULTURE DE BEAUNE

Avec la collaboration pour la partie historique de

M. Ch. AUBERTIN,

OFFICIER D'ACADÉMIE, ETC.

DIJON

LIBRAIRIE H. ARMAND

SUCCESSEUR DE ROPITEAU

—

1892

Grande Vue de la ville de Beaune (au-dessus de la fontaine d'Aigues)

D'après une estampe du XVIIIe siècle, dessinée par LALLEMAND.

BEAUNE

Plusieurs écrivains ont essayé d'attribuer à Beaune la gloire d'avoir été le *Bibracte* des *Commentaires* de César ; la saine critique a démontré, depuis longtemps, qu'aucune raison tendant à faire accréditer cette idée n'est soutenable, même dans le domaine de la Poésie qui n'a pas les limites de celui de l'Histoire.

L'opinion la plus généralement admise et, en réalité, la plus rationnelle, est que cette ville dut sa fondation à une station militaire, à un *castrum stativum*, tel que les Romains en établissaient, avec des troupes à demeure, dans les pays nouvellement conquis. Or, la certitude existe que des légions, ou plutôt des fractions de légions, cantonnèrent dans une castramétation entourée de murailles et dont les eaux de la rivière Bouzaise remplissaient les fossés. Le fait est connu que des légionnaires romains, en résidence dans une contrée, y créèrent assez fréquemment des bourgades. Ici, le séjour de la légion *Minervienne* aurait fait donner à l'assemblage des habitations construites tant à l'intérieur qu'à l'extérieur des murs du camp le nom de *Minervic*, et l'examen d'un bon nombre de débris de monuments lapidaires, ayant échappé à la destruction, démontre clairement qu'assez peu de temps après la conquête Beaune ne se réduisait déjà plus à une petite réunion de chaumières.

Mais y a-t-il des ruines qui signalent l'existence d'une bourgade celtique ou gauloise où s'est élevée la ville de Beaune ? La découverte de foyers, d'instruments en silex et de monnaies gauloises en bronze a été le résultat unique de longues et patientes recherches. Quant à des ruines, on sait que les Celtes n'avaient pas ou fort peu d'édifices en pierres. Au témoignage de Strabon, Vitruve et Jules César, des tentes, des cabanes faites de bois et de boue, servaient seulement d'abris à cette nation nomade et guerrière.

La désignation de *Minervie* paraît s'être maintenue durant deux ou trois siècles. Dès le vᵉ, Beaune se nommait, ainsi que l'attestent les *Capitulaires* de Baluze, *Belna, Belno Castrum,* et la région environnante *Belnisium, Belnisus* et *Pagus Belnensis.* L'étymologie de *Belna* vient vraisemblablement de *Belisana,* surnom donné à Minerve dans quelques endroits de la Gaule. D'après cette explication, Beaune aurait conservé son nom antique et primitif.

Une si belle et si salubre contrée, une situation aussi avantageuse, la présence de deux magnifiques sources, l'*Aigue* et la *Bouzaise,* le voisinage de la grande voie d'Autun à Besançon n'avaient pu manquer d'attirer un imposant concours d'habitants. L'enceinte fortifiée du *Castrum* ne suffit bientôt plus à leurs besoins ; aussi, pendant la durée de la domination romaine, le territoire de Beaune se couvrit-il de fermes et de *villas* dont les substructions se retrouvent encore sur des points nombreux (1).

C'est sur cette riante région que vinrent fondre les énergiques tribus des hommes du Nord et, parmi eux, les Burgondes qui la ravirent aux conquérants des Gaules. Dès les premières années du vıᵉ siècle, une nouvelle invasion surgit ; Clovis, chef des Francs, porte jusqu'à Dijon ses armes victorieuses ; ses fils se partagent le royaume de Bourgogne et détruisent Autun. Beaune profite de l'anéantissement de la vieille capitale des Eduens et voit grandir sa population. La religion chrétienne s'y

----

(1) En ce qui concerne ces renseignements, et une grande partie de ceux qui vont suivre, Cf. Courtépée, t. II ; — Gandelot et Rossignol, *Histoires de Beaune ;* — Pasumot, *Notice des Antiquités de la ville de Beaune ;* — P. Joigneaux, *Fragments historiques sur Beaune et les environs ;* — J. Bard, *Beaune, Histoire et Tableau ;* — J. Pautet, *Railway pittoresque de la Bourgogne ;* — Ch. Bigarne, *Guide de l'étranger à Beaune* (préface).

établit, y fructifie, et l'on construit un oratoire (1) en l'honneur du premier martyr, saint Etienne, dont le nom a traversé le cours des âges.

Vers 732, les Sarrasins, maîtres de l'Espagne et de la Gaule Narbonnaise, s'avancèrent jusqu'à Beaune en semant partout sur leur passage le pillage et la ruine jusqu'au moment où Charles Martel les tailla en pièces à Poitiers et les força à rentrer dans l'Ibérie.

Sous les ducs bénéficiaires, sortes de lieutenants généraux de la couronne franque, qui gouvernèrent la Bourgogne de 880 à 1032, Beaune eut ses comtes et ses vicomtes. Quand les ducs amovibles eurent fini par se rendre héréditaires, plusieurs firent leur résidence habituelle dans cette cité. Ce fut au duc Eudes III que Beaune dut, en 1203, l'établissement de sa commune. La ville prit alors pour sceau une Bellone d'argent debout, tenant de la main droite une épée nue, et la main gauche appuyée sur la poitrine. Elle quitta en 1540 ses anciennes armoiries pour prendre celles qu'elle conserve aujourd'hui, qui sont : « d'azur à la Vierge d'argent, tenant l'enfant Jésus du même, les têtes rayonnées d'or, la Vierge tenant de la main droite un pampre de sinople au raisin de sable, l'enfant portant de sa main gauche un monde d'or, sommé d'une croix du même ; les robes frangées d'or. »

De 1347 à 1349, une horrible famine, suivie d'une épidémie appelée la *Grande mort*, décima la population. Malgré l'immensité du désastre, la ville s'occupa activement de la construction de ses remparts, avec des tours rondes à toits aigus, type curieux de l'architecture militaire de la fin du XIVe siècle.

Après la mort de Charles le Téméraire, arrivée le 6 janvier 1476, sous les murs de Nancy, Beaune adopta avec chaleur le parti de la princesse Marie, fille de ce malheureux prince. Il soutint un siège en règle contre les troupes de Louis XI et fut réduit à capituler, le 2 juillet 1478. Beaune eut ainsi la gloire d'être demeuré le dernier soutien de la dynastie ducale, après

(1) Alentour fut placé le premier cimetière. La terre a souvent restitué des tombes en pierre et en grès et d'autres sépultures, en laves offrant tous les caractères des temps mérovingiens.

avoir inspiré un moment au roi de France la crainte de perdre le duché de Bourgogne.

A la fin du règne de Charles VIII (1483-1498), le château, dont subsistent encore des restes si imposants, était terminé en partie. Cette redoutable citadelle avait été construite par les ordres de Louis XI, non moins pour réprimer les tentatives de révolte des habitants que pour résister aux ennemis du dehors. A peu près à la même époque, les murailles furent flanquées de cinq gros bastions.

Les querelles religieuses remplirent la seconde moitié du xvi* siècle. Plusieurs chroniqueurs ont fait le récit des hostilités qui* éclatèrent en 1567 entre les catholiques et les Réformés, et eurent pour suite l'expulsion d'un nombre considérable d'ouvriers employés aux florissantes manufactures de draps et forcés dès lors de porter leur industrie dans d'autres pays.

Dix-huit ans plus tard, le château, destiné à la défense de la ville, devint la cause de tous ses malheurs, pendant la Ligue. En 1585, le roi de France avait, par le traité d'Epernay, livré Beaune au duc de Mayenne, qui en confia le gouvernement à Montmoyen, son lieutenant. A la suite de vexations et d'exactions odieuses, les Beaunois, partisans résolus d'Henri de Béarn, décidèrent, malgré de formidables moyens de défense et la présence d'une forte garnison, de se délivrer à tout prix du joug des Ligueurs. Le 5 février 1595, journée où fut tué un de leurs chefs, nommé Guillerme, un sanglant combat s'engagea dans les rues, au son du tocsin de la grosse horloge. Les soldats étrangers se réfugièrent à l'intérieur du château. L'armée royale, arrivée sur ces entrefaites, commença le siège de la forteresse. Enfin, le 19 mars, jour de la fête du dimanche des Rameaux, l'armée de Montmoyen, investie par les troupes du maréchal de Biron, demanda à capituler et fut conduite à Chalon.

La peste, qui avait éclaté à Beaune en 1586, la ravagea de nouveau en 1628 ; en 1634, le fléau réclama son dernier tribut.

En 1636, les Impériaux, commandés par le général Galas et Charles de Lorraine, mirent à feu la campagne mais n'essayèrent pas de donner l'assaut aux remparts ; ils se bornèrent à incendier la Chartreuse, monastère fondé au xiii° siècle, à l'extrémité du faubourg Perpreuil. La Fronde effleura à peine la ville de Beaune ; elle ressentit faiblement le contre-coup des guerres de la Franche-Comté.

Le xix° siècle a inauguré pour cette cité une ère nouvelle de prospérité industrielle et commerciale. Ce qui verse le plus d'or à Beaune c'est son commerce de vins fins. Avant 1789, ce commerce s'exerçait par des commissionnaires, aujourd'hui les négociants en vins de Bourgogne voyagent ou font voyager. Leur nombre augmente toujours; ils ont rendu et rendent encore les plus grands services au pays qui, en vérité, languirait sans eux.

Bien que veuve de grands et beaux édifices qui faisaient sa gloire dans les siècles passés, Beaune doit encore se féliciter de ses destinées monumentaires.

Signalons en première ligne le Grand Hôtel-Dieu, fondé en 1443 par Nicolas Rolin, chancelier du duché de Bourgogne, et sa femme Guigone de Salins. C'est l'un des premiers édifices du xv° siècle où l'art flamand se mêle aux détails moresques ; où le cachet du monument civil pose son empreinte sur d'admirables productions religieuses ; où les splendides découpures de l'Alhambra se marient aux symboles catholiques et héraldiques (1).

Pour visiter l'intérieur de l'Hôtel-Dieu, il n'est pas besoin de permission ; la belle porte gothique reste ouverte tout le jour aux Beaunois et aux étrangers.

Les différentes salles, les cours, les jardins mériteraient une description particulière que ne comporte pas le cadre de cet ouvrage. Rappelons seulement que la Grand'Salle, aux dimensions colossales, aux magnifiques poutres sculptées, a été complètement rétablie, en 1878, dans le style du xv° siècle.

Au musée historique, heureuse conception réalisée depuis une quinzaine d'années, rayonne sur toutes les collections le célèbre tableau du *Jugement dernier*, œuvre de Roger Van der

(1) V. J. Bard, *Situation monumentaire du Grand Hôtel-Dieu de Beaune.*

Weyden, principal élève de Jean de Bruges. Cette page gran-
diose, qui avait subi les atteintes du temps, a été soumise, en 1878,
au Louvre, à un travail de restauration opéré avec si grand suc-
cès, qu'elle semble sortir des mains du maître. Inutile de donner, du moment qu'elle a été faite avec tout le soin désirable,
la description de cette œuvre si éminemment magistrale ; il
suffit de dire que tous les visiteurs éprouvent le même sentiment
d'admiration à l'aspect du poème sublime exposé à leurs re-
gards (1).

Les archives où viennent s'accumuler, depuis quatre siècles,
les titres, les documents historiques, les privilèges et les droits
de propriétés de la maison, composent un inestimable trésor.

Les dignes religieuses, qui prodiguent aux malades leurs soins
touchants et éclairés, portent, presque depuis la fondation de
l'hospice, un costume à la fois simple et beau copié sur celui
des sœurs hospitalières de Malines.

L'Hôtel-Dieu est propriétaire d'un domaine d'environ 65 hectares dont 12 plantés en vignes fines.

Commencée par le duc Henri le Grand en 976, achevée dans
la première moitié du XIIe siècle par Mahaut ou Mathilde, femme
d'Hugues II, l'Insigne Collégiale Notre-Dame de Beaune offre
à l'attention des archéologues son portail, construit en 1352,
et orné, avant 1793, d'une curieuse imagerie; le cul-de-lampe
qui supporte l'orgue, ouvrage du XVIIe siècle, les marbres du
maître-autel, les magnifiques bas-reliefs provenant de l'é-
glise des Jacobins, les splendides tapisseries offertes en 1500 par
le chanoine Hugues Lecoq, et la ciselure compliquée des trois
portes principales. N'oublions pas, derrière le chœur, les bancs
d'œuvre affectés autrefois à la confrérie des vignerons et des
tonneliers, où sont reproduits par la sculpture les outils employés par ces corps de métiers.

L'hospice de la Charité, fondé en 1645 par Antoine Rousseau, greffier du bailliage, et sa femme Barbe Deslandes, a pour

(1) V. E. B. *Histoire de l'Hôtel-Dieu de Beaune;* — L'abbé Boudrot, *le Jugement dernier, retable de l'Hôtel-Dieu de Beaune;* — J. Carlet, *le Jugement dernier,*
Notice apd *Mémoires de la Société d'histoire et d'archéologie de Beaune.*

destination d'offrir un asile à des orphelins des deux sexes, ainsi qu'à des vieillards. Son église est un gracieux petit monument du XVII° siècle.

De même que le Grand Hôtel-Dieu, la Charité possède un domaine d'environ 27 hectares, dont 2 hectares 1/2 en vignes fines. Un vaste jardin sert pour les enfants à l'enseignement de l'horticulture.

Une Ecole pratique de viticulture a été créée à Beaune au lieu-dit *Clos Saint-Philibert* d'environ trois hectares. Elle a été inaugurée le 14 janvier 1885. La durée des études y est de trois ans ; les jeunes gens y reçoivent une bonne instruction pratique et théorique.

Le collège, dont la fondation remonte au XVI° siècle, fut dirigé de 1624 à 1791 par la congrégation de l'Oratoire. En 1873, il a pris le nom de *Collège Monge*, en l'honneur du grand mathématicien qui y fit ses premières études. La ville a fait à cet établissement de grands travaux de réparations.

La bibliothèque publique, formée des ouvrages provenant des communautés supprimées pendant la Révolution, d'envois de l'État, de dons particuliers et d'acquisitions annuelles, renferme plus de 40,000 volumes, 200 incunables et 170 manuscrits des XIII° et XIV° siècles, ainsi qu'une importante collection de médailles et monnaies. Cet établissement d'études a été organisé en 1801. A l'hôtel de ville, à côté de la bibliothèque sont placées les galeries d'histoire naturelle, ouvertes en 1854. La zoologie, la géologie, la minéralogie y occupent une place dont l'insuffisance se fera bientôt sentir, vu l'accroissement des collections.

Au rez-de-chaussée, le musée occupe quatre salles et se divise en quatre catégories : tableaux de diverses écoles, dessins et gravures, archéologie et sculpture. Sa création date de 1853.

La ville a conservé une partie de ses vieux remparts, ses bastions, les restes imposants de son château-fort, son beffroi communal où revit dans la lanterne, dans la charpente revêtue de plomb, dans les girouettes et les clochetons, la physionomie des monuments de la Flandre. Le cadran montre, à son sommet, un globe qui présente, noir et doré, les phases de la lune. Un assez grand nombre de maisons anciennes subsistent encore ; les plus curieuses sont dans les rues *Charité* et *de Lorraine*. A l'extrémité de cette rue s'élève la Porte Saint-Nicolas, bel arc triomphal construit en 1761 sur les plans de Le Noir, dit le Romain, architecte dijonnais. A quelques pas, se voit la Salle de spectacle, inaugurée en 1863. La chapelle de l'Oratoire, réduction de la basilique Saint-Pierre de Rome, et ornée d'une façade élégante, a cessé d'avoir une destination religieuse. Elle avait été bâtie en 1705.

L'église Saint-Nicolas, au faubourg de ce nom, est un beau morceau d'architecture du xivᵉ siècle, plein d'harmonie intérieure et extérieure. Son tympan monolithe et son clocher attirent l'attention.

Au faubourg Saint-Jacques, existe un précieux reste des anciens jours, la Chapelle des Templiers. C'est là que le dernier grand-maître de cet ordre célèbre, Jacques de Molay, fut armé chevalier.

Sur l'une de leurs places publiques, les Beaunois ont érigé, en 1849, une statue en bronze à leur illustre compatriote Gaspard Monge. Cette œuvre d'art est due à François Rude, l'auteur célèbre du *Tombeau de Napoléon*, à Fixin, et qui a lui-même sa statue dans sa ville natale, Dijon.

En 1666, la population de Beaune se réduisait au faible nombre de 1600 âmes ; au siècle dernier, elle avait pris assez d'extension pour s'élever à 9,500 ; aujourd'hui, la garnison comprise(1), elle atteint le chiffre de 12,143 habitants, répartis dans la ville *intra muros*, dans huit faubourgs et deux hameaux.

La délimitation entre Beaune et ses faubourgs est formée par de larges fossés. Là vient se déverser une certaine quantité des eaux de la rivière *Bouzaise* ou *Bourgeoise* qui prend sa source au pied de la montagne, et traverse la ville sous une voûte construite depuis quelques années. Dans les fossés s'écoule aussi une partie des eaux de l'*Aigue*, celle qui ne sert pas à l'alimentation des fontaines publiques. De même que pour

(1) C'est le 16ᵉ régiment de chasseurs à cheval. La caserne est située *extra muros*, dans le voisinage de la rue dite *de Vignolles*.

la Bouzaise, c'est au pied de la côte que sort la source de ce ruisseau. Dans un enclos, appelé l'*Ile de l'Aigue*, se trouve l'ancien Prieuré de Saint-Martin, fondé, dit-on, au viie siècle, par saint Colomban, sur les ruines d'un oratoire païen. De cette fondation, il reste une chapelle plus jeune de quelques centaines d'années (1), et qui vient d'être restaurée avec goût, grâce au zèle éclairé de son nouveau propriétaire. En cet endroit, on a découvert des objets d'antiquités d'un caractère gallo-romain et mérovingien.

Non loin de la source de la Bouzaise sont les bâtiments occupés par l'*Ecole pratique d'agriculture et de viticulture*, création qui date de 1883.

La grande route de Paris à Lyon, avec ses embranchements déjà indiqués dans plusieurs des précédentes notices, contourne la ville. C'était la route de poste de Chalon à Dijon.

La station du P.-L.-M. a une très grande importance. Le trafic de la petite vitesse y est d'autant plus considérable que tous les vins, provenant des villages de la côte, de la plaine et de l'arrière-côte, y ont leur point d'embarquement.

De Beaune part encore le tramway à vapeur qui se dirige sur Arnay-le-Duc, en franchissant une distance de 42 kilomètres. De nombreuses voitures publiques desservent encore les localités voisines.

Dans le quartier du Palais de justice, un bureau des postes et télégraphes fonctionne avec une extrême activité.

La circonscription dont Beaune, l'un des chefs-lieux d'arrondissement de la Côte-d'Or, est le centre administratif, se compose de dix cantons, avec une population totale de 115,926 habitants.

On compte 38 kilomètres de Beaune à Dijon. Enfin, la latitude y est de 47° 1′ 25′ et la longitude de 2° 31′ 0′.

Passons maintenant à l'examen du sol du vignoble, en ce qui se rapporte à sa constitution géologique.

Les alluvions anciennes, venant de la plaine, s'arrêtent au pied même de la Côte. A partir de 226 à 230 mètres, apparais-

(1) V. E. Quantin, *l'Abbaye de Saint-Martin de l'Aigue*, Beaune, 1891.

sent la Grande Oolithe et le Forest-Mable. Les grands crûs se trouvent donc en partie dans cette formation au-dessus de laquelle commence, vers 255 à 260 mètres, le Cornsbrah.

Les marnes oxfordiennes qui, du côté du village de Pommard, occupent une grande surface, finissent en pointe vers le milieu du climat de Beaune.

Les deux cimes de la Côte, le *Mont Battois* (1) et le *Mont de Ronde* (2), le premier de l'altitude de 402 et le second de celle de 408 mètres à leur sommet, appartiennent à l'étage Corallien.

En définitive, c'est l'étage Oolithique inférieur qui domine dans cette partie du Beaunois.

Observation est faite qu'autour de la Bouzaise et sur les bords de l'Aigue deux cours d'eau prenant, comme nous l'avons dit plus haut, leur source à la base de la Côte, s'étend une bande d'alluvions modernes.

L'étude de l'emplacement géologique des climats a pour objet la classification qui va suivre, en remarquant que chaque formation est séparée de la voisine par des lignes à peu près parallèles :

Dans les alluvions anciennes, nous placerons les cuvées que produisent les terrains entourant la ville et allant jusqu'à la ligne du chemin de fer.

Dans les marnes oxfordiennes : une portion des *Boucherottes*, du *Clos des Mouches*, la majeure partie des *Aigrots*, les *Avaux*, l'*Orme*, les *Marconnets*, quelques parcelles des *Sans Vignes* (3), des *Bressandes*, et des *Toussaints*, et un faible espace des *Grèves* et des *Theurons*.

Dans le Cornsbrah : le climat des *Tuvilains*, le dessous des *Chouacheux* et des *Avaux*, le *Clos de la Mousse* et les *Reversées*, puis la plus grande partie des *Mariages*, des *Chilènes*, du *Clos du Roi* et des *Peuillets*.

Dans le Forest-Mable et la Grande Oolithe : les *Vérottes*, les *Sceaux* et toute la partie inférieure des *Tuvilains*, des *Reversées*, des *Theurons*, du *Clos du Roi* et des *Belissans*, ainsi que

---

(1-2) *Mons Betosus* et *Mons Rotundus* dans des titres des XIII* et XIV* siècles.
(3) *Sine vinæ* au XIII* siècle.

la *Creusotte* et une portion du faubourg de Bouze et de celui de Saint-Martin.

Enfin, dans la partie supérieure de la Côte, appartiennent au Coraliien tous les climats dont un certain espace se trouve déjà dans les marnes oxfordiennes, tels que *Aux Coucherias*, les *Grèves*, l'*Orme*, etc., ainsi que *Lulune*, *En Renard*, la *Montée Rouge*, la *Chaume Gaufriot*.

Cette suite de constatations suffit pour démontrer en toute évidence qu'il doit exister une grande différence dans la nature des terrains, eu égard à la formation géologique où est placé chaque climat. Il devient donc nécessaire de dire un mot de l'agrologie de la côte de Beaune.

Donnons d'abord les analyses des calcaires venant des *Marconnets* et du *Clos des Mouches*, et qui ont été indiquées par M. de Vergnotte-Lamotte, lors du Congrès des vignerons :

Dans ces roches, le carbonate de chaux varie entre 77 et 96 pour cent du poids total, avec des traces de carbonate de fer, le reste étant formé de matières argileuses et d'humidité.

Au-dessus de ces assises, gît une terre végétale d'épaisseur assez variable, et qui apparaît colorée diversement par les oxydes de fer et les matières organiques.

Dans le travail offert au Comité central d'étude et de vigilance (1), voici la caractéristique des climats appartenant aux diverses formations géologiques dont nous avons parlé :

Les *Prévolles*. — Sol argilo-siliceux, brun, de 0,60 d'épaisseur avec sous-sol argilo-ferrugineux brun jaunâtre.

Les *Chouacheux*. — Même nature de sol, plus graveleux, renfermant des cailloux brun-noirâtre, d'une épaisseur de 0,50 ; sous-sol très-compacte, caillouteux ;

Les *Bélissans*. — Sol argilo-calcaire, grisâtre, humide, de 0,35 d'épaisseur ; sous-sol formé d'un calcaire fin.

A la *Mignotte*. — Sol et sous-sol de même nature, mais secs et assez graveleux.

(1) *Etude des terrains de la Côte-d'Or*, Notes recueillies par M. Margottet, doyen de la Faculté des sciences, et M. Collot, professeur de géologie à la même Faculté.

Dans les *Cras*, le sol redevient silico-calcaire, brun rougeâtre.

Dans les *Champs-Pimonts*, le sol est argilo-calcaire, avec roches calcaires plus ou moins dures, mais suivant que l'on se trouve dans la partie haute ou basse, le sol a une profondeur de 0,45, ou de 0,50 ; il est donc meilleur dans cette seconde partie.

Dans les *Hauts Theurons*, même nature de sol, d'une épaisseur variant de 35 à 40 centimètres, plus ou moins brun rougeâtre, avec sous-sol formé de gravier calcaire.

En l'*Ecu*, se présente à peu près la même nature de sol, mais de moindre épaisseur.

Aux *Pierres Blanches* le terrain est encore argilo-calcaire, graveleux, rouge et sec, de 0,40 d'épaisseur, avec sous-sol formé de roches dures superposées à des marnes blanches.

Aux *Bressandes*, le sol a une épaisseur de 0,60, ainsi qu'aux *Sans Vignes*, mais ici la silice reparaît à la place de l'argile.

Enfin dans la partie moyenne des *Marconnets*, le sol de même nature offre à peu près la même composition, mais le sous-sol est formé de gros graviers mélangés à la terre.

Nous n'avons donné ici, bien entendu, qu'un aperçu sommaire de cet intéressant travail, aperçu qui néanmoins suffira pour qu'on ait une idée de la moyenne générale des climats.

D'autre part, l'analyse des sols de la commune fait connaître que leur fertilité diffère peu de celle des autres climats de la Côte.

M. Margottet leur assigne la composition suivante :

	École de Viticulture		Boucherolles		Aux Avaux		Bas des Theurons	
	Sol	S.-sol à 0.70	Sol	S.-sol	Sol	S.-sol	Sol	S.-sol
Terre fine . . .	64.18	21.77	66.31	69.69	85.52	69.40	57.27	52.28
Gravier. . . .	35.87	62.58	15.55	22.12	14.48	6.12	22.72	11.33
Cailloux. . . .	0.	15.65	18.14	8.19	0.	24.48	20.01	36.39

Analyse physico-chimique de la terre fine.

Sable siliceux. .	44.40	52.14	14.98	40.91	44.84	46.14	50.55	63.74
Argile	19.05	6.77	35.31	31.46	45.80	45.54	40.86	23.37
Chaux	17.14	21.95	10.00	10.87	1.42	0.85	1.99	3.83

	Grèves (Enfant-Jésus)		Clos de la Mousse		Dessus des Grèves		Cras	
	Sol	S.-sol	Sol	S.-sol	Sol	S.-sol	Sol	S.-sol
Terre fine. . .	44.15	25.66	51.42	55.10	42.18	45.87	71.27	67.30
Gravier. . . .	47.78	21.11	27.61	26.53	29.68	54.13	19.91	32.70
Cailloux . . .	7.97	53 23	20.97	18.37	28.14	0.	8.82	0.

Analyse physico-chimique de la terre fine.

Sable siliceux. .	61.53	40.96	38.80	18.18	53.03	51.45	43.67	26.50
Argile	13.48	29.91	21.63	19 62	12.00	11.97	13.96	17.95
Chaux	10.54	13.46	17.73	31.76	16.11	18.29	20.67	28.46

	Bressandes		Marconnets		En Genets		Les Cent Vignes[1]	
	Sol	S.-sol à 0.80	Sol	S.-sol à 0.50	Sol	S.-sol à 0.40	Sol	S.-sol à 0.50
Terre fine. . .	68.01	46.80	59.11	36.79	63.24	46.66	61 97	25.42
Gravier. . . .	31.99	53.20	40.89	22.90	22.86	53.34	38.03	66.10
Cailloux . . .	0.	0.	0.	40.31	13.90	0.	0.	8.48

Analyse physico-chimique de la terre fine.

Sable siliceux. .	39.70	38.17	39.32	37.84	46.58	33.88	44.83	42.53
Argile	23.59	27.79	34.50	34.26	37.53	38.05	27.68	18.00
Chaux	17.87	16.89	10.57	12.49	5.67	12.66	21.02	20.61

Au moyen de ces analyses, il est facile de contrôler, au point de vue pratique, l'examen des sols.

Nous avons eu occasion de rechercher quel était le *quantum* d'éléments fertilisants renfermés dans plusieurs des terres dont il a déjà été question plus haut; voici les résultats obtenus :

ÉCOLE DE VITICULTURE — CLOS DE L'ÉCOLE

	Sol du jardin.	Sol du bas.	Sous-Sol.
Azote.	1.764	1.604	C.328
Potasse	2.655	1.56	0.800
Acide phosphorique. .	0.723	0.47	0.262

Il était évident qu'un tel terrain, à raison de son orientation

(1) Ou Sans Vignes.

2*

si favorable, devait produire des vins hors ligne. Il n'y a donc pas lieu de s'étonner de la renommée qui s'attacha toujours à eux.

Cette renommée, disons-nous, les vins fameux, récoltés dans les divers climats de Beaune, la soutenaient de vieille date. A ce sujet l'histoire n'a pas gardé le silence, faute de documents.

Sous Philippe-Auguste, le poète Guillaume Breton louait en ces termes le vins de Beaune :

> Frugifero jucunda solo nihilhominus illi (duci Burgundiæ)
> Cum multis suberat aliis vinosa Bealna
> Indicens cerebris vino fera bella rubenti.

En 1328, la ville de Reims consomma trois cents pièces de vin au sacre de Philippe de Valois ; la plus grande partie était de Beaune et coûtait, tous frais faits, 56 livres la queue.

On lit dans Courtépée que les bourgeois de Bayeux présentèrent, en 1377, au connétable du Guesclin une pipe de vin de Beaune, du prix de 26 livres. Ce vin passait pour le meilleur, le premier de l'Europe.

Erasme, dans ses *Lettres*, célèbre les vins de nos climats, auxquels il attribuait la guérison des maladies d'estomac. Il voulait même s'établir en France, « non pour y commander les armées mais pour y boire du vin de Beaune ». Son lyrisme va jusqu'à lui faire dire : « O heureuse Bourgogne qui mérite d'être appelée la mère des hommes, parce que ses mamelles contiennent un si bon lait ! »

On sait également que Louis XIV, à la suite d'une grave maladie arrivée en 1680, but, pendant la longue convalescence qui suivit, des vins de Bourgogne provenant des meilleurs climats de Beaune et de Romanée, lesquels lui avaient été ordonnés par son médecin Fagon, de préférence à ceux de la Champagne que l'on conseillait alors.

« Décision heureuse, écrit Courtépée, qui doubla le prix de nos vins et qui excita une petite guerre au Parnasse entre Charles Cofin, poète champenois, et Bénigne Grenan, poète bourguignon, et une dispute entre Hugues de Salins, médecin à Beaune, et Lepescheur, son confrère de Reims. »

Vinum Belnense esse potum suavissimum, sic et saluberrimum (le vin de Beaune est certainement le vin le plus agréable et le plus salutaire) soit à cause du sol, de l'aspect du soleil, soit à cause de l'approche du méridien, de trois degrés de plus que Reims ; tel fut le sujet d'une thèse soutenue à la Faculté de médecine de Paris par Arbinet, en 1665, et approuvée par cette Faculté.

Il n'y avait là, du reste, qu'une paraphrase de ce vers de Chasseneuz, écrit au xvi⁰ siècle et bien connu des œnologues :

   Vinum Belnense super omnia vina repone (1).

Rappelons encore qu'à Paris le vin de Beaune était connu depuis longtemps. « Voici, écrit Bertall (2), les couplets que l'on chantait alors, au vieux temps, chez les joyeux taverniers et dans les cabarets à la mode :

   Si j'avais le gosier large de cinq cents aunes,
   Et que la Seine fût de ce bon vin de Beaune
         Je m'en irais dessous le pont,
         Je m'étendrais tout de mon long,
         Et je ferais descendre
         La Seine dans mon ventre.

   Si le grand roi Henri voulait me le défendre
   Et que dessous le pont m'empêchât de m'étendre,
         Je lui dirais : Grand roi Henri,
         Je vous abandonne Paris,
         Paris et Vincenne,
         Mais laissez-moi la Seine !

Quelques mots maintenant relatifs aux vignes et aux vendanges :

(1) V. *Description du Duché de Bourgogne*, t. II, p. 271-272.
(2) Déjà cité.

Grégoire de Tours disait : « Il n'y a pas de liqueur préférable aux vins de nos côteaux ; c'est un noble Falerne, » dont il parlait certainement en connaissance de cause. Il ajoute : « La côte est couverte de vignes, *montes vineis repleti.* » Il écrivait environ vers 570.

Après l'invasion des Bourguignons, la vigne fut de leur part l'objet d'une attention spéciale. En 92, année de disette, Domitien avait fait arracher la moitié de nos vignes et défendu d'en planter à l'avenir. Les auteurs ne sont pas d'accord sur les motifs de cette mesure. Probus, en 282, et Julien, plus tard, permirent aux Gallo-Romains de multiplier librement la vigne. Dans le *Pagus Arebrignus* le directeur des écoles d'Autun sous Constantin, Eumène, assurait que, dans ce temps déjà, les vignes étaient si vieilles qu'on n'en distinguait plus la taille.

Les Bourguignons étant arrivés trouvèrent nos vins délicieux, en favorisèrent la culture et la firent respecter par de sévères prescriptions, édictées par les lois Gombettes, sous les titres de *Vineis, de Vineis plantandis.* Les chartes les plus anciennes font presque toutes mention de vignes achetées ou vendues.

Par la suite, le moment où devait s'effectuer la vendange devint l'objet d'arrêtés spéciaux que, sous le nom de *ban,* les échevins fixaient chaque année.

Tel est le texte de l'un de ces arrêtés :

« Ceux qui ont vigneries dans la ville de Beaune les présenteront aux eschevins, et le maire et les eschevins les recevront s'ils sont à recevoir et iront les voir.

« Quand le fruit des vignes aprochera de cuillir, prudhommes seront esleus qui seront envoiés par les vignes aux vigniers et selon ce qu'ils rapporteront, le maire, les eschevins et les prud-hommes ordonneront les bans de venoinges, et doivent ledit maire et les eschevins garder les dits bans par leur serment en telle manière qu'ils ne soient brisés ni enfrains.

« Les vigniers jureront en la main du maire qu'ils ne souffriront hommes ni femmes à venoinger en leur vignerie si ce n'est pour ban rendu et qu'ils ne demanderont raisins ny feront amas de raisins pour eux et pour autres si ce n'est de leurs propres vignes et s'ils estoient trouvés que faisant amas de raisins seroit à la volonté et au jugement du maire et des eschevins et le corps et l'avoir en la mercy du maire et des eschevins.

« En devantiers que le fruit est es champs et es vignes, le maire doibt au moins une fois la semaine visiter les messiers et les vigniers par les champts et par les vignes et doibt en chercher de leurs affaires et s'ils font bien leur office loïaument et les admonester de bien garder... L'on doibt auxdits vigniers une maille de l'ouvrée.

« Quand les maire et eschevins auront establi les bans de venoinges, ils les doivent faire noncer et publier par trois jours devant pour ce que l'on puisse avoir meilleur marché des charettes et des venoingeurs.

« Les justiciers des villes environ Beaune ordonneront les bans de venoinges par le conseil du mayeur et des eschevins de Beaune que doibvent prendre des habitants de Beaune rien que raison de ban, lors tant seulement de l'ouvrée un denier pour raison de garde et pour ce sont tenus de garder les vignes de tous les habitants de Beaune, et si domage leur estoit fait en raisins, ne en paisseaux, ne en autres choses, le vignier qui auroit retenu la garde le rendroit s'il ne sçavoit dire qui l'auroit fait, et si le maire et les eschevins doivent mettre conseil comme le dommage soit rendu au bourgeois à qui on l'aura fait.

« Quand les fruits des vignes seront cueillis, les vigniers et messiers garderont tout l'an tant que le Saint-Jean les paisseaux, le sarment et toutes les autres choses qui affèrent à garder, et l'office des autres cesse (1). »

Le vignoble de Beaune fut quelquefois atteint par des fléaux calamiteux. Le 16 septembre 1596, nous voyons dans les registres de Notre-Dame que l'on eut recours à l'exorcisation pour chasser les insectes nuisibles.

« Le lundi seizième jour du mois de septembre 1596, assemblée du chapitre de Notre-Dame, auquel le doyen annonce que il avoit eu avertissement de la ville qu'ils désiroient qu'on

(1) Extrait des *Coustumes et establissements de la ville de Beaune*, en 1370.

fist procession des trois jours de féries des quatre-temps pro-
chains pour *anathématiser* et *excommunier* les *rattes* et autres vermines mangeans et dégustans les biens de la terre et
que, pour cet effet, ils avoient envoyé querre (chercher) à Autun
un monitoire (1). »

Au siècle suivant on dut aviser au même moyen pour chasser
les *Urebers, Escrivains* et « aultres vermines » qui ravageaient
les vignes.

Dans une délibération motivée nous lisons, en effet, que le
29 janvier 1644, il fut décidé que l'on irait à Autun demander à
l'évêque la permission d'excommunier pour la seconde fois les
rattes et autres insectes qui dévastaient les semences. En voici
la teneur :

« Lesdits eschevins voullant laisser à la postérité des actes
dignes de maymoire au-dessus de ceux qui ont passé et qui ont
paru, sçachant plusieurs plaintes et réclamations faictes par les
habitants de ladicte ville et communauté de Pomard, Vollenay,
Bligny sous Beaune, Curtil et autres lieux, concernant les grands
effrois et appréhention de famines par la perte des biens de la
terre que causoient une multitude d'insectes et rattes qui ont
fondu sur les bleds, les vignes, les arbres, de telle sorte qu'ils
ont une juste appréhention d'une perte de subsistances causée
par la colère de Dieu en chastiment des fautes commises par son
peuple contre sa divinité, pour raison de quoy lesdits sieurs
maire et eschevins vont s'adresser aux sieurs vénérables du
chapitre de l'église collégiale de Beaune pour chercher les
moyens d'apaiser l'ire de Dieu dans l'appréhention de l'avène-
ment d'un malheur extraordinaire par la promesse de demander de monseigneur d'Autun diocésain, de l'advis et du consen-
tement desdits sieurs maire, eschevins et syndics susdits, la
permission de faire une procession qui sortiroit de ladite église
les lundy, mardy et mercredy, quinze, seize et dix-sept present
mois de feuvrier (2). »

---

(1) Extrait des *Registres du Chapitre de l'église Notre-Dame.*
(2) Archives de Beaune. Registro des délibérations de 1644 à 1645.

Les processions eurent lieu et on doit croire que les habitants ne manquèrent pas d'obéir à l'ordre donné d'y assister.

Déjà nous avons indiqué quels étaient les soins à donner aux vins, et comment ils doivent être conservés alors qu'il sont en fûts ou en tonneaux, nous n'y reviendrons pas.

Dans une ville essentiellement vinicole comme Beaune, il était évident que la corporation des tonneliers devait avoir une grande importance.

Les tonneliers formaient une tribu à part, occupant un quartier qui a porté leur nom jusqu'à ces dernières années que la *Rue des Tonneliers* a changé son nom pour celui de *Rue Armand-Gouffé*. Cette corporation était gouvernée par trois *maîtres-jurés*, qui conféraient le titre de maîtres aux ouvriers ayant subi devant eux leurs examens et fait leurs preuves. Sans diplôme, personne ne pouvait ouvrir boutique et seuls les maîtres doleurs pouvaient vendre avec authenticité.

Chaque pièce, sortie de leurs ateliers, avait un signe distinctif. Pommard, Volnay, Savigny, Meursault, tous les villages des environs, étaient soumis à l'égandillage de Beaune. Chaque tonneau était garni de seize cercles et chaque feuillette de quatorze. Ces cercles étaient soumis, eux-mêmes, à une surveillance minutieuse ; des commissaires-visiteurs, en permanence sur le marché, confisquaient les paquets contenant moins de vingt cercles, et ceux qui offraient des défauts visibles. En foire, les revendeurs ne pouvaient acheter des cercles qu'après dix heures.

On ne permettait pour les tonneaux que l'emploi de trois *doues* ou *douelles vieilles;* on proscrivait toute feuillette de bois vieux ; pour tous défauts, reconnus dans la confection, le fabricant était amendable et tenu de faire les réparations convenables. La présence de l'*aubain* était un cas d'amende et de confiscation (1).

Les vins de Beaune ont été l'objet de nombreuses analyses, voici les principales :

(1) V. Rossignol, *Hist. de Beaune.*

M. Delarue indique qu'un vin récolté au *Clos de la Mousse,* en 1842 contenait :

DENSITÉ du vin	ALCOOL en degrés pour cent	TANNIN pour cent	SELS ORGANIQUES	
			bitartrate de fer	de potasse et d'alumine
935	13.96	0gr699	0gr011	0gr344

M. Margottet donne les résultats suivants pour les vins des plants fins de la récolte 1889 :

NOMS DES CLIMATS	Densité à 15 degrés	Alcool en degrés pour cent	Extrait sec en grammes par litre	Sucre en grammes par litre	Sulfate de potasse (plâtre) en gram. par litre	Tartre par litre	Acidité totale en acide sulfurique par litre	Tannin par litre	Fer en milligrammes par litre
Grèves-Cras . . .	994.2	12.8	25.15	1.35	0.22	2.91	3.43	1.5	7.2
Bressandes-Genêt.	995.2	13.2	28.75	1.52	0.24	2.98	4.18		
Clos de l'Ecole . .	995.5	11.0	23.50	1.05	0.24	3.02	3.54		
Avaux.	993.5	13.9	24.95	2.18	0.22	2.87	3.56	1.2	
Beaune	994.6	12.0	24.60	1.20	0.22	3.66	3.81	1.3	
Id.	995.8	13.7	31.75	1.98	0.27	4.89	4.62		

D'autre part, un vin ordinaire de la même récolte renfermait :

Clos de l'Ecole.	997.4	9.4	23.40	1.40	0.24	2.80	4.62	non dosé

Enfin, nous avons eu plusieurs fois l'occasion d'analyser des vins provenant de nos grands crûs ; voici la composition de quel-ques-uns d'entreeux :

ANNÉES	CUVÉES	Densité à 15 degrés	Alcool en degrés pour cent	Extrait sec en grammes par litre	Sucre en gram. par litre	Sulfate de potasse (plâtre) par litre	Tartres par litre	Acidité totale en SO⁴ HO par litre	Tannin par litre	Glycérine par litre
1890	Première cuvée.	994	13.10	26.16	2.00	0.392	2.51	3.86	0.60	3.10
1890	Id. id. .	993	13.20	30.00	2.50	0.104	3.42	5.86	0.50	3.01
1890	Deuxième cuvée.	996	12.60	23.15	2.03	0.224	3.93	4.00	0.48	3.80
1889	Passe-tout-gr...	995	13.25	28.00	3.25	0.119	3.79	5.509	0.58	6.02
1889	Gamays......	996	10. 7	20.80	2.02	0. 24	3.42	5.48	0.80	5. 6

Nous pourrions reproduire nombre de ces résultats d'analyses qui démontrent que nos bonnes cuvées ont un degré alcoolique compris en général entre 13 et 14 degrés, et renferment tous les principes constitutifs des grands crûs. Seule, leur richesse en tannin est un peu au-dessous de la moyenne des vins récoltés dans d'autres régions, mais cette petite différence est inhérente à nos climats et leur assure une plus grande finesse.

Ajoutons que, du reste, la vinosité de nos vins varie peu ; déjà en 1866 M. de Vergnette-Lamotte écrivait : « La richesse alcoolique des plus grands vins de Bourgogne est limitée entre 12,50 et 13,50 pour les vins rouges, et entre 13 et 15 pour les vins blancs. »

Ce fut à la fin du règne de Louis XIV que le prix des vins s'éleva tout à coup.

De 1592 à 1691, malgré la modification apportée par la découverte de l'Amérique, le prix moyen de la queue de vin flottait entre 45 et 65 livres ; en 1696 il monta à 400 ; en 1720, la queue se vendit 450 livres ; en 1726, 530 ; en 1734, 550. C'est le maximum atteint depuis le commencement du xviiⁱᵉ siècle.

Quatre-vingt-dix pièces des vins de Beaune, de Pommard et de Volnay parurent, en 1722, au sacre de Louis XV ; ces échantillons contribuèrent grandement à leur réputation (1).

Dans la suite le Dʳ Morelot a écrit que, d'après une ancienne

(1) Rossignol, *ouv. cit.*

coutume, lorsque l'on fait le prix des vins, tous les ans, à l'hospice de Beaune, les vins de cette Côte sont estimés valoir 10 fr. de moins que ceux de Pommard par queue, ces derniers étant eux-mêmes cotés 10 fr. de moins que ceux de Volnay.

Les prix de vente des vins des hospices ayant une grande importance, nous avons cru devoir faire quelques recherches à ce sujet. Jusqu'en 1864, ils furent vendus à l'amiable, et souvent les prix en furent peu élevés puisqu'en 1849 ils se vendaient 100 fr. la pièce : à partir du moment où les ventes aux enchères furent publiques, ils prirent une valeur bien plus considérable, ainsi que le prouve la statistique décennale qui suit :

ANNÉES

1880	(1) Roy et Moreau. 1,420		Coulnot et Perreau. 1,210 1,220		Chicotot-Gauthey. Trapet. 1,180 1,160	
1881	Perreau. 2,825	Gauthey-Coulnot. 2,950	Coulnot-Mathieu. 3,050	Trapet. 1,775	Chicotot (J.) 2,900	Moreau-Podechard. 1,700

1882 — Les vins ne se vendirent pas; néanmoins la cuvée Coulnot-Mathieu fut vendue en deux lots 820 et 800 francs.

1883	Perrot-Coulnot. 930	1,200	1,210	1,100	1,210	Moreau. 1,210
1834	»	Gauthey et Trapet. 1,000	Coulnot (M.) et Perreau. 1,300		Chicotot (J.) et Moreau. 1,000	
1885	1,800	Gauthey-Coulnot. 1,260	Trapet. 1,650	Chicotot (J.) 1,870		Moreau. 1,340
1886	Perreau-Coulnot. 1,700	Gauthey-Coulnot. 1,350	Coulnot (M.) 1,950	Trapet et Chicotot. 2,100		Moreau. 1,500
1887	Perreau. 1,020	Trapet. 850	Gauthey. 850	Trapet-Marey. 1,100	Coulnot (M.) 1,120	Chicotot (J.) 1,150	Moreau-Podechard 840
1888	Perreau. 880	Trapet-Bard. 750	Gauthey. 860	Trapet-Marey. 880		850	Moreau. 880
1889	Perreau. 1,370	Trapet-Bard. 1,270	Gauthey-Coulnot. 1,550	Monneau-Chicotot. 1,920		Moreau et Trapet. 1,550

(1) Les noms indiqués sont ceux des Vignerons obtenteurs des cuvées.

1890	Perreau. 1520	Trapet-Bard. 1,460	Gauthey-Coulnot. 1,470	Trapet-Marey. 1,540	Monnot-Chicotot. 1,540	Moreau et Latour. (Beaune et Meursault). 1,140

1891	Perreau. 2,400	Gauthey-Coulnot. 2,600	Monneau-Chicotot. 2,400	Moreau-Trapet, Bard et Trapet-Marey. 2,470

Tous ces vins étant vendus à la queue, soit 456 litres.

D'après les prix indiqués ci-dessus, les vins récoltés dans nos bons climats vont toujours en augmentant en valeur.

Dans la réunion des principaux propriétaires et négociants qui a lieu chaque année à l'issue de cette vente, voici les prix indiqués à la pièce ou 228 litres :

	Année 1889	Année 1890	Année 1891
Beaune. . . .	580 fr.	580 fr.	600 fr.

D'après ce que nous avons écrit en faisant l'historique des vins de Beaune on voit que, depuis fort longtemps, les fins gourmets ont su contribuer à leur renommée. Béguillet, au siècle dernier, disait que « le *Beaune* est de tous les produits de la côte le vin le plus agréable à boire, le plus franc et le plus coloré. »

Enfin le Dr Morelot a porté ce jugement sur nos vins :

« En partant du territoire de Pommard, écrit-il, on trouve, d'abord le *Clos de la Mousse* dont le vin a une finesse et un agrément qui lui sont propres. Ensuite viennent les *Theurons*, au-dessus sont placés les *Cras*, plus loin sont les *Grèves*, dont le vin est si parfait, à une petite distance sont les *Fèves*, les *Perrières*, les *Sansvignes*, qui végètent sur le sol où fut jadis un village, le *Clos du Roi*, les *Marconnets*, tous climats de prédilection, qui donnent des vins exquis.

« Les vins de cette côte, quand ils proviennent des cantons dont je viens de parler, peuvent aller de pair avec les meilleurs vins de la Côte-d'Or. Ils sont fermes, francs, colorés, pleins de feu et de bouquet, ils sont moelleux et ont le précieux avantage de se garder longtemps. »

Il n'y a rien à ajouter à cette appréciation, qui est toujours l'expression de la vérité.

A Beaune, on peut évaluer à environ 70 hectares le vignoble en tête de cuvée; 180 à 190 hectares sont en première cuvée, 110 hectares sont en seconde, et le reste en troisième et quatrième cuvées.

La surface totale du vignoble est de plus de 1,100 hectares dont 500 à 550 sont cultivés en plants fins.

AVIS IMPORTANT

L'ordre dans lequel nous donnons les climats résulte de deux classifications faisant autorité à des titres différents, savoir : 1° celle indiquée par le D° Lavalle dans son ouvrage publié en 1855 sur les grands vins de la Côte-d'Or, que nous désignons par les lettres D. L., et de laquelle il a dit : « Jusqu'à présent je n'ai étudié les vins de chacune des communes de la Côte que comme si les autres communes n'eussent pas existé et la classification que j'ai donnée n'est vraie que pour chacune d'elles prise isolément; » 2° celle donnée par le Comité d'Agriculture de Beaune dans le plan statistique des vignobles produisant les grands vins de Bourgogne indiquée par l'abréviation C. A. B.

Ce comité a fait une réserve identique à celle de Lavalle en écrivant : « Le classement comporte trois classes ou catégories ; il a été fait séparément pour chacune des communes sans rien préjuger sur le mérite comparatif de leurs produits. »

Les mots cuvée et classe employés dans ces classifications sont pris ici dans le même sens.

NOMENCLATURE

DES PRINCIPAUX CLIMATS ET LIEUX-DITS

Champs-Pimonts (les). — D. L., tête de cuvée; C. A. B., première classe.

PRINCIPAUX PROPRIÉTAIRES

MM. A. Beaudet, de la maison A. et L. Beaudet frères, de Beaune.
Les héritiers Billardet.
Bouchard (Antonin), de la maison Bouchard père et fils, à Beaune.
Chanson père et fils.
Chanson-Pichard.
Darviot-Albertier.
Develle-Dupont.
Pierre Dubois.

MM. Duvault-Blochet.
Les hospices civils de Beaune.
La Charité.
de Juigné.
Antoine Ligeret.
Ernest Marey.
L. A. Montoy.
R. de Poligny.
Jules Senard.
Gustave Theuriet.
La ville de Beaune.

Cras ou Crais (Aux). — D. L., tête de cuvée; C. A. B., première classe.

PRINCIPAUX PROPRIÉTAIRES

MM. A. et L. Beaudet frères.
Antonin Bouchard, de la maison Bouchard père et fils.
Duvault-Blochet.
L. A. Montoy.

MM. Paul Patriarche.
Perdrier-Arvier.
Perrin de Saux.
R. de Poligny.
Victor Raquet.
La ville de Beaune.

Cour et Caves du Chapitre (Magasins et Bureaux).
Siège social de la Maison A. et L. Beaudet frères, à Beaune (1).

(1) Ces magnifiques caves, situées dans l'un des plus anciens quartiers de la ville, sont connues sous la désignation de *Caves du Chapitre* pour avoir appartenu aux chanoines de l'Insigne collégiale N.-D. de Beaune; elles ne manquent jamais d'attirer l'attention des visiteurs et en particulier des archéologues et des artistes. L'Etablissement des *Caves du Chapitre* remonte au XIIIe et XIVe siècles. Elles peuvent contenir aisément 1200 pièces de vin. Vendues nationalement en 1791, elles sont occupées maintenant par MM. A. et L. Beaudet frères, dont nous donnons ci-après le détail des propriétés.

Commune de **Vougeot** : *Au Clos de Vougeot*, hors ligne.

— — **Volnay** : *En Champans, — Milans, — Champfuillot, — Robardelle, — Clos des Chênes, — Clos sur Roche* (spécial mousseux).

— — **Pommard** : *Au Clos Micaud.*

— — **Beaune** : *Aux Cras, — Champimonts, — Clos du Roi, — Clos des Châtets, — Coucheriaux, — Aigrots, — Theurons.*

Fèves (les). — D. L., tête de cuvée; C. A. B., première classe.

PRINCIPAUX PROPRIÉTAIRES

MM. Antonin Bouchard, de la
    maison Bouchard, père
    et fils.
    Chanson père et fils.
    Henri Darviot.

MM. Louis Lagarde.
    R. de Poligny.
    Victor Verneau.
    Les hosp. civ. de Beaune.

Grèves (les). — D. L., tête de cuvée; C. A. B., première et deuxième classes.

PRINCIPAUX PROPRIÉTAIRES

MM. Abel Bachey.
    de Benoist-Bachey.
    Bert-Veuillet.
    Adolphe Bouchard, de la
    maison Bouchard aîné et
    fils, à Beaune.
    Antonin Bouchard, de la
    maison Bouchard père et
    fils, à Beaune.
    Le bureau de bienfaisance
    d'Allerey.
    Champy.
    Chanson père et fils.
    Clerget-Rousselin.
    Darviot-Albertier.
    Henri Darviot.
    Jules Duban.
    Duban-Laligant.
    Duvault-Blochet.
    Edouard Girardot.
    Adolphe Fougère.
    Hippolyte Gibassier.

MM. Gillotte-Lamidey.
    Guichard-Potheret et fils.
    Philippe Lacaille.
    Antoine Ligeret.
    Maire et fils.
    Mallet-Guy.
    Adolphe Masson.
    Adolphe Molin.
    Mignotte-Picard et Cie.
    Misserey-Moreau.
    Marey-Monge.
    L. A. Montoy.
    Charles Parizot.
    Perrin de Saux.
    Pierre Ponnelle.
    Simonet-Garnier.
    Gustave Theuriet.
    Thévenin-Guyot.
    Victor Verneau.
    Vieilhomme.
    La ville de Beaune.

Une portion de ce climat : *Les Grèves de l'Enfant Jésus* que l'on doit placer en première ligne (Lavalle), appartient à M. Antonin Bouchard, de la maison Bouchard père et fils, à Beaune.

**Domaine de M. Charles Bernard, de Beaune
à Aloxe-Corton (Côte-d'Or) (1).**

---

(1) Nous donnons ci-dessous la nomenclature des climats composant le domaine de M. Charles Bernard, à Aloxe-Corton, et produisant les meilleurs crûs. Ce domaine, qui a conservé toute son ancienne vitalité, a obtenu, en septembre 1891, le Grand Prix de culture des vieilles vignes françaises situées dans l'arrondissement de Beaune.

Commune d'Aloxe-Corton : *Corton Clos du Roi, — Fièlres,*
Chantemerle, — Voierosses,
Chaumes, — Vigne Dieu,
Servolles, — Dôle,
Fournières, — Chartreuse,
Valozières, — Pollans,
Chaillots.

Aigrots (les). — D. L., première cuvée ; C. A. B., première classe.

PRINCIPAUX PROPRIÉTAIRES

MM. Abel Bachey.
A. Beaudet.
Les héritiers Billardet.
Jean-Baptiste Brugnot.
Adolphe Bouchard.
Antonin Bouchard.
Chanson père et fils.
François Chambion.
Champy.
Louis Chevignard.
Darviot-Albertier.
Jean-Louis Darviot.
Demoisy-Aubry.
Pierre Dubois.
Duvault-Blochet.

MM. Edouard-Girardot.
Fougères.
Girard-Midonnet.
Hospice de la Charité.
Augustin Jacquet.
Jantet-Billard.
de Juigné.
Ernest Marey.
Michelot-Michelot.
Mignotte-Picard et Cie.
L. A. Montoy.
Moreau-Itaquet.
Jules Senard.
La ville de Beaune.

Avots ou **Avaux (les).** — D. L., première cuvée ; C. A. B., première et deuxième classes.

PRINCIPAUX PROPRIÉTAIRES

MM. Bert-Veuillet.
Les héritiers Billardet.
Antonin Bouchard.
Bureau de bienfaisance de Beaune.
Antoine Chalon.
Jules Champonnois.
Chanson père et fils.
Champy.
Louis Chevignard.
Clerget-Rousselin.
Demoisy-Aubry.
Duvault-Blochet.
François Galette.
Gauthier-Champy.

MM. Gillotte-Lamidey.
Gustave Guelaud.
Les Hospices civils de Beaune.
Les Hospices de la Charité.
Maurice Huvelin.
Adolphe Molin.
L.-A. Montoy.
Claude Ozanon.
Victor Paufard.
Gustave Paulin.
Pierre Ponnelle.
Rouget-Perret.
Voillot-Capel.

M. AUGUSTE BILLEREY, à Beaune

MAISON FONDÉE EN 1859

~~~~~~~~

Domaine de M. A. Billerey, à Puligny-Montrachet.

Clos de la Pucelle,	Vins rouges, 1re classe.
En Cailleret,	
Chevaliers-Montrachet,	Vins blancs 1re classe, 1re ligne.
Batards-Montrachet,	

Nous avons mentionné dans les pages précédentes la haute réputation du territoire de Puligny-Montrachet qui possède, de l'avis de tous les gourmets, les plus grands vins blancs de l'Univers.

M. A. Billerey possède aussi à Bouzeron, entre Chassagne et Rully, les principaux et anciens clos de vignes ayant appartenu aux moines de Citeaux parmi lesquels citons :

Les Rabeutelois,
Les Pièces des Fortunes,
La Pièce des Clous.

Ces vins ont un goût distingué qui les rapproche des Meursault.

Enfin **M. A. Billerey** possède des vignobles dans les meilleurs coteaux de Saint-Romain, pays qui produit les vins les plus réputés de cette région.

(Voir RENDU, auteur du célèbre ouvrage, *l'Ampélographie Française*).

M. AUGUSTE BILLEREY, à Beaune

MAISON FONDÉE EN 1859

(Suite).

~~~~~~~~~~

M. A. Billerey, propriétaire à Saint-Romain (ancien château des ducs de Bourgogne), possède plusieurs clos des mieux situés en ces vignobles qui déjà jouissaient, à la cour des Ducs de Bourgogne à Paris, d'une bonne réputation ; les vins de Saint-Romain y étaient ordinairement consommés.

Saint-Romain est distant de 13 kilomètres de Nolay, son chef-lieu de canton, de 12 de Beaune, son chef-lieu d'arrondissement, et de 50 de Dijon.

Le château, démoli de temps immémorial, laisse voir encore quelques vestiges.

Il occupait le point culminant du rocher qui domine la vallée, et renfermait dans son enceinte la chapelle des comtes, devenue l'église paroissiale, l'une des plus intéressantes de l'arrondissement.

En 1308, la terre de Saint-Romain entra dans le domaine ducal par la cession qu'en firent ses premiers possesseurs, les comtes de Chalon. En 1462, Philippe le Bon la donna au sénéchal de Bourgogne Philippe-Pot, avec droit de réachat, pour 2000 écus d'or. Depuis cette époque, cette seigneurie est restée attachée, jusqu'à la Révolution, à la terre de la Rochepot.

Dans le courant du xive siècle, les ducs de Bourgogne avaient, dans leur castel, un approvisionnement considérable de vins, à raison de l'abord difficile de cette maison-forte, moins exposée que celles de Pommard et de Volnay aux pillages des routiers. C'étaient de là que partaient la plupart des vins destinés à leur hôtel, à Paris.

Courtépée dit au sujet de Saint-Romain : « Pays vignoble dont les meilleurs climats sont *Sous-le-Château* et *Poliange*. »

M. A. Billerey y possède plusieurs pièces et clos des mieux situés,

Beaux Fougets (les). — C. A. B., première et deuxième classes.

PRINCIPAUX PROPRIÉTAIRES

MM. Billard-Michelot.
Antonin Bouchard.
Le bureau de bienfaisance
de Beaune.
Le bureau de bienfaisance
d'Allerey.
Antoine Chalon.
Chevignard-Morelot.
Develle-Dupont.
Adolphe Fougère.

MM. Jacques Gras.
Jamon-Parigaut.
Gauthey-Arnoux.
Guyot-Bidault.
Guyot-Bizot.
Hospices civils de Beaune.
Augustin Jacquet.
Sébastien Jamon.
Mignotte-Picard et Cie.
Claude Trapet.

Blanches Fleurs (les). — D. L., première cuvée; C. A. B., première, deuxième et troisième classes.

PRINCIPAUX PROPRIÉTAIRES

MM. Charles Arnoux.
Battault-Bouillot.
de Benoist.
Adolphe Bouchard.
Claude Carementran.
Picard Carementran.
Champy.
Chanson père et fils.
Chaussier-Champy.
Gagey-Arnoux.
Gauthier-Champy.
Guyard-Manière.

MM. Henriot-Madon.
Hudelot-Pillion.
Les hospices de la Charité.
Antoine Ligeret.
Adolphe Masson.
Moyne-Jacqueminot.
L. A. Montoy.
Nodot-Galette.
Noirot-Perreau.
Richard-Marchand.
Trapet-Manière.
Victor Verneau.

Boucherottes (les). — D. L., première cuvée; C. A. B., première et deuxième classes.

PRINCIPAUX PROPRIÉTAIRES

MM. les héritiers Billardet.
Antonin Bouchard.
Auguste Broichot.
Antoine Chalon.
Louis Chevignard.
Duvault-Blochet.
Gustave Guelaud.

MM. Lochardet-Deschamps.
Maire et fils.
Henri Morelot.
R. de Poligny.
Jules Senard.
Victor Verneaux.
La Ville de Beaune.

**Domaine de Messieurs Bonnet frères,
propriétaires à Beaune (Côte-d'Or).**

MAISON FONDÉE EN 1867.

Médaille de Vermeil Grand module 1886.

Médaille d'argent à l'Exposition Universelle

Paris 1889.

Monopole de la récolte des Santenots rouge, des

Hospices de Beaune.

**Résidence de la famille Bouchard (Branche aînée),
rues St-Martin et Ste-Marguerite, à Beaune (1).**

---

(1) Cette maison fondée en 1750 compte sept générations du même nom et de la même famille s'étant occupées traditionnellement de tout ce qui se rattache à la viticulture et aux vins en Bourgogne.

Elle est actuellement représentée par MM. Servais, Ernest et Adolphe Bouchard (branche aînée de cette famille).

Ce fait est assez rare dans les annales du haut commerce de notre pays pour que nous croyions devoir le consigner ici en donnant l'ordre de succession des représentants de cette famille ayant dirigé la maison.

MICHEL BOUCHARD, né en 1681, décédé le 7 avril 1755.

JOSEPH BOUCHARD, fils de Michel Bouchard, né le 27 septembre 1720, décédé le 14 mai 1804 (fut le premier président lors de la création du tribunal de commerce de Beaune).

ANTOINE BOUCHARD, fils de Joseph Bouchard, né le 3 avril 1759, décédé le 27 janvier 1860; Président du tribunal de commerce et Administrateur des hospices de Beaune.

THÉODORE BOUCHARD, fils de Antoine Bouchard, né le 6 juillet 1783, décédé le 4 mai 1848; Juge au tribunal de commerce de Beaune.

PAUL BOUCHARD, fils de Théodore Bouchard, né le 23 juillet 1814, actuellement maire de Beaune, conseiller général du département de la Côte-d'Or, administrateur des hospices de Beaune, chevalier de la Légion d'honneur.

SERVAIS BOUCHARD, né le 8 décembre 1835,

ERNEST BOUCHARD, né le 17 mars 1845, } Fils de Paul Bouchard.

ADOLPHE BOUCHARD, né le 6 juillet 1847.,

CHARLES BOUCHARD, fils de Servais Bouchard, né le 11 février 1866.

Bureaux, Caves et Magasins
Siège Social de la Maison Bouchard aîné et Fils
rues Ste-Marguerite et du Collège, à Beaune (1).

---

(1) Succursale à Londres, 108, Fenchurch street.
— à Paris, 26, rue de la Côte-d'Or.

Par ses nombreuses propriétés dans les divers crûs du pays, la Maison Bouchard aîné et Fils justifie pleinement le titre de propriétaire ajouté à son caractère commercial.

Domaine de **Beaune** :

> *Les Grèves* (tête de cuvée), — *Aigrots*, — *Clos du Roi*, — *Marconnets*, — *Theurons*, — *Blanches Fleurs*.

(Propriété de M. Adolphe Bouchard)

Domaine de **Bligny-sous-Beaune**, près Pommard :

(Propriété de M. Ernest Bouchard. *Voir Notice d'autre part*)

Château de la Chaume, près Nuits (ancien domaine Marey-Monge).

(Propriété de la Maison Bouchard aîné et fils. *Voir Notice d'autre part*)

Château et Clos de la Tour (Mâconnais).

(Propriété de M. Servais Bouchard. *Voir Notice d'autre part*)

Domaine de Bligny-sous-Beaune, près Pommard (Clos, Cuverie, Cellier).

Propriété de M. Ernest Bouchard, de la Maison Bouchard aîné et fils à Beaune (Côte-d'Or).

Domaine de la Tour (Clos et Château) à Sennecey-le-Grand.

Propriété de M. Servais Bouchard, de la Maison Bouchard aîné et fils, à Beaune (Côte-d'Or).

Bressandes (les). — C. A. B., première classe.

PRINCIPAUX PROPRIÉTAIRES

MM. Antonin Bouchard.
Chanson père et fils.
Clerget-Rousselin.
Demoisy-Aubry.
Duvault-Blochet.
Jean-Baptiste Gardinet.
Gautron-Arligny.
Célestin Gorges.
Gillotte-Lamidey.
Gillotin-Dufour.
Les Hosp. civ. de Beaune.
Les Hospices de la Charité.
Denis Léger.
Limonet-Domino.

MM. Alexis Maldant.
Adolphe Masson.
Eugène Moigeon.
Adolphe Molin.
Moyne-Jacqueminot.
Nerat-Constance.
Victor Paufard.
Perny-Grapin.
Pignolet-Sordet.
Royé Labaume et Cie.
Claude Trapet.
Gustave Theuriet.
Victor Vernot.
La Ville de Beaune.

Chaume Gaufriot (la). — *Vins Blancs :* C. A. B., première, deuxième et troisième classes.

PRINCIPAUX PROPRIÉTAIRES

MM. Amoignon-Rouget.
Philibert André.
Stéphen Artault.
Bizot-Lognon.
Antonin Bouchard.
Bouillot-Desfrères.
Brivot-Garlot.
Broichot-Gros.
Brugnot-Vollot.
Louis Chevillard.
Coste d'Azincourt.
Jean-Baptiste Daubourg.
Nicolas Fournier.
Gacon-Durand.

MM. Gros-Prévost.
Henriot.
Jomain-Marion.
Laboureau-Dorlin.
Henri Langlard.
Adolphe Molin.
Morand-Blanchet.
Barthélemy Pagand.
Joseph Pommier.
Joseph Ratheaux.
Louis Rudo.
La Ville de Beaune.
Voillot-Capelle.

Chélènes ou Chilènes (les). — C. A. B., première, deuxième et troisième classes; D. L., troisième cuvée.

PRINCIPAUX PROPRIÉTAIRES

MM. Jean Carementran.
    Drouhin-Fouquerand.
    Guyot-Fontaine.
    Henri Jaffelin.
    Laboureau-Plait.
    Laboureau-Robelin.
    Masson.
    Nodot-Gallet.

MM. Charles Parizot.
    Paufard.
    Perdrier-Lavirotte.
    Robelin-Maurice.
    Robelin-Laboureau.
    Vernot Victor.
    La Ville de Beaune.

Chouacheux ou Choicheux (les). — C. A. B., première et deuxième classes; D. L., deuxième cuvée.

PRINCIPAUX PROPRIÉTAIRES

MM. de Benoist-Bachey.
    Auguste Broichot.
    Antoine Chalon.
    François Chambion.
    Claude Gerbeaux.
    Jean Hudelot.
    Maurice Huvelin.
    Jamon-Parigot.

MM. Philippe Lacaille.
    Maire et fils.
    Mallet-Guy.
    Adolphe Molin.
    Mussy-Joblot.
    Joseph Mussy.
    Jacques Parent.
    Perrin de Saux.

Coucherias (Aux) ou Coucheriaux. — D. L., première cuvée; C. A. B., première et troisième classes.

PRINCIPAUX PROPRIÉTAIRES

MM. A. et L. Beaudet frères.
    Duvault-Blochet.
    Guyot-Bidault.
    Les hosp. civ. de Beaune.
    Mignotte-Picard et Cⁱᵉ.

MM. L.-A. Montoy.
    Morelot.
    Roze-Gabriel.
    La ville de Beaune.

BOUCHARD PÈRE & FILS — (Beaune — Bordeaux)

Vue partielle du vieux Château de Beaune, propriété de M. Antonin Bouchard,
(Siège social de la Maison Bouchard père et fils) (1).

(1) Voir la note ci-contre.

BOUCHARD PÈRE & FILS (Beaune — Bordeaux)

L'une des vieilles firmes de la Bourgogne, conservée la même de 1785 à ce jour (1).

La maison possède deux établissements : l'un à Beaune, l'autre à Bordeaux.

L'établissement de Beaune est installé dans l'ancien château-fort (2) dont les deux plus belles tours, regardant la plaine, sont encore intactes. Les caves s'y développent dans les longs souterrains de la fortification. Elles sont complétées par deux vastes constructions. L'une d'elles, avec partie souterraine à double étage, est placée sur le flanc nord de la vieille forteresse.

L'établissement de Bordeaux, fondé en 1849, est calqué sur celui de Beaune. Depuis son origine, il a toujours été dirigé par des chefs de la maison et constamment pourvu d'un stock important de vins de Bourgogne à la disposition du commerce d'exportation.

Les vignobles des associés comportent environ cent hectares dont cinquante, répartis sur les communes de Beaune, Pommard, Volnay, Puligny-Montrachet, donnent des vins de premier ordre. L'autre partie, divisée en trois domaines situés à peu près à égale distance de Beaune, produit des vins ordinaires et grands ordinaires tant rouges que blancs ; c'est le domaine de Mandelot dans l'arrière-côte, celui de Maizières dans la plaine et Bouzeron aux confins de la Côte Chalonnaise.

Voici la nomenclature des vignes composant le Domaine de Beaune (3) :

CLASSIFICATION POUR BEAUNE

CUVÉE HORS LIGNE

Grèves Enfant-Jésus.

TÊTES DE CUVÉE

Marconnets, Grèves, Teurons-Grèves, les Cras, les Fèves, les Toussaints.

PREMIÈRES CUVÉES

Clos de la Mousse, Genêt, Cent-Vignes (Hautes), Bressandes, Clos du Roy, Aigrots, Boucherottes, Sizies, Clos Landry, Avaux.

(1) L'origine de la maison remonte à 1731. — De 1731 à 1785, le commerce s'est fait sous différentes raisons sociales et avec l'aide d'associés étrangers.
(2) Le Château de Beaune, bâti sous Louis XII qui en décréta la construction en 1512, fut démantelé en 1602 sous Henri IV à la suite des Guerres de la Ligue.
(3) Voir d'autre part le détail du vignoble dans les communes de Volnay, Pommard, Puligny-Montrachet et les domaines de Maizières et Mandelot.

BOUCHARD PÉRE & FILS (Beaune — Bordeaux)

(SUITE)

DEUXIÈMES CUVÉES

Bas-Teurons, Cent-Vignes (Basses), Creuzotte, Reversées, Beaufougers.

TROISIÈMES CUVÉES

Belissands, Prevolles.

VINS BLANCS ORDINAIRES

Pierre-Blanche, Monde-Ronde, Saint-Désiré, Siserpe, Chaume Gaufriot, la Châtelaine.

COMMUNE DE VOLNAY

CUVÉES HORS LIGNE

Cailleret, Chevret.

TÊTE DE CUVÉE

Fremiers (Clos de la Rougeotte).

PREMIÈRES CUVÉES

Taillepied-Bas, Chanlins-Bas.

DEUXIÈME CUVÉE

Taillepied-Haut.

COMMUNE DE POMMARD

PREMIÈRES CUVÉES

Rugiens-Hauts.
Combes-Dessus.

BOUCHARD PÈRE & FILS — (Beaune — Bordeaux)

COMMUNE
de Volnày
—

CUVÉES HORS LIGNE
Cailleret
Chevret

TÊTE DE CUVÉE
Fremiers
Clos de la Rougeotte)
—

PREMIÈRES CUVÉES
Taillepied-Bas
Chanlins-Bas

~~~~~

COMMUNE
de Volnay
—

DEUXIÈME CUVÉE
Taillepied-Ha...
~~~~
COMMUNE
### de Pommar...
—

PREMIÈRES CUVÉES
**Rugiens-Hau...**
**Combes-Dess...**

~~~~

Propriété de M. Joseph Bouchard, à Volnay.

Ancienne propriété de lfamille dont l'origine remonte au fondateur de la Maison **Bouchard père et fils** au siècle dernier et apparten...
aujourd'hui à M. Joseph Bouchard, l'un des chefs actuels de la même Maison. — Le domaine se compose de grandes et belles pièces
vigne de premier ordre; ses vins ont toujours été réputés parmi les meilleurs de Volnay.

N. B. — *Depuis 30 ans la récolte du domaine est connue sous le nom de « Cuvée Carnot » du nom du précédent propriétaire, Madame Carnot, arri...
petite-fille du fondateur de la Maison Bouchard père et fils.*

BOUCHARD PÈRE & FILS — (Beaune — Bordeaux)

Château de Mandelot, propriété de M. Antonin Bouchard,
Chef Senior de la Maison BOUCHARD PÈRE ET FILS.
e Domaine, sis dans l'arrière-côte de Beaune, produit une quantité importante de vins ordinaires dits « *Arrière Côtes* »

Abbaye de Maizières (1), Commune de Saint-Loup-de-la-Salle
(Vallée de la Dheune, à 10 kilomètres de Beaune).

Propriété de **M. Julien Bouchard**, chef second en âge de la maison **Bouchard Père et Fils**, qui dirige l'établissement de Bordeaux.

Le vignoble est composé d'anciennes propriétés de famille à Saint-Loup-de-la-Salle et du clos de Maizières.

« (1) Abbatia nostræ Dominæ Maceriarum ou de Maceriis, abbaye de l'ordre de Citeaux, troisième fille de la Ferté et la première en France, « fondée en 1132 sur les ruines d'un Ermitage d'où son nom Maceriæ ... Masures.... etc. (Courtépée) » .

Ecu (A l'). — C. A. B., première classe.

PRINCIPAUX PROPRIÉTAIRES

MM. de Benoist-Bachey.
Claude Chaffotte.
Chanson père et fils.
Duvault-Blochet.
Favelier Roger.

Les Hosp. civ. de Beaune.
MM. Alexis Maldant.
Mignotte-Picard et Cie.
La Ville de Beaune.

Epenottes (les). — C. A. B., première, deuxième et troisième classes; D. L., deuxième cuvée.

PRINCIPAUX PROPRIÉTAIRES

MM. Billard-Léchenault.
Billard-Micault.
Antoine Chalon.
Chanson père et fils.
Clerget-Ropiteau.
de Juigné.
Gagnepain-Vallot.
Liebault-Michelot.
Latour Lechenau.

MM. Jacques Micault.
Hubert Micault.
Moreau-Billard.
Marguerite Mussy.
Poulet-Moissenet.
R. de Poligny.
Tartois-Perreau.
Jules Senard.

Genet (En). — C. A. B., première classe.

PRINCIPAUX PROPRIÉTAIRES

MM. Antonin Bouchard.
Claude Chaffotte.
Darviot-Albertier.
François Galette.
Gillotte-Lamidey.
Gustave Guelaud.
Laboureau-Plait.

MM. Antoine Ligeret.
Adolphe Molin.
Les hospices civils de Beaune.
Pignolet-Sordet.
La ville de Beaune.

Marconnets (les). — C. A. B., première classe.

PRINCIPAUX PROPRIÉTAIRES

MM. Adolphe Bouchard.
Antonin Bouchard.
François Chambion.
Chanson père et fils.
Duvault-Blochet.
Devevey-Devevey.

MM. Mallet-Guy.
Moyne-Jacqueminot.
Royé-Labaume et Cie.
Gustave Theuriet.
La Ville de Beaune.

M. BOURGOIN-JOMAIN FILS,
à Beaune (Côte-d'Or)
SPÉCIALITÉ DE VINS MOUSSEUX
Marque B. J. F.

~~~~~~~

Cette maison expédie ses produits sur tous les points du globe; ses vins mousseux de Bourgogne, rouges et blancs, type champagne, sont de plus en plus appréciés par tous les vrais amateurs qui leur font une réputation des mieux méritée.

Mignotte (la). — D. L., première cuvée; C. A. B., première classe.

PRINCIPAUX PROPRIÉTAIRES

Les hospices civils de Beaune. | M. Adolphe Fougère.

Montée Rouge (la). — C. A. B., première, deuxième et troisième classes.

PRINCIPAUX PROPRIÉTAIRES

MM. Philibert André.
Claude Ozanon.
Brugnot-Vollot.
Antoine Chalon.
Gustave Guelaud.
Les hosp. civ. de Beaune.
Marey-Monge

MM. Marey-Repiquet.
Mignotte-Picard et Cie.
Taisant-Piffaut.
R. de Poligny.
Rougé-Perret.
Rose-Peste.

MM. BRETON-HUARD,

propriétaires-négociants, à Beaune

Côte-d'Or)

~~~~~~~~~~

VINS FINS DE TOUS LES CRUS

EXPORTATION

Clos des Mouches (le). — D. L., première cuvée; C. A. B., première classe.

PRINCIPAUX PROPRIÉTAIRES

MM. Abel Bachey.
André Bernard.
Les héritiers Billardet.
Bizot-Fortier.
Bourgeois-Micault.
Brugnot-Michelot.
Jean-Baptiste Brugnot.
Chanson père et fils.
Chaussier-Champy.
Louis Chevignard.
Gorges Célestin.
Marie Chipotot.
Demoisy-Aubry.
Develle-Dupont.
Duvault-Blochet.
Fellot-Durand.
Adolphe Fougère.
Gauthier-Champy.
Gonnet-Michelot.
Gustave Guelaud.
Guyot-Bidault.
Sébastien Jamon.

MM. Jobard jeune et Bernard.
de Juigné.
Liébault-Michelot.
Lochardot-Guilleminot.
Maldant-Marque.
Michelot-Morot.
Mignotte-Picard et Cie.
Henri Morelot.
Mussy-Guillemard.
Mussy-Jobelot.
Orgelot-Gaillot.
Pierre Passerotte.
Perdrier-Arvier.
Perrin de Saux.
Poulet-Moissenot.
Quirot de Poligny.
Tartois-Perreau.
Jules Senard.
de Vergnette-Lamotte.
La Ville de Beaune.
Voillot-Capel.

Montrevenets ou **Montrevenots** (les). — C. A. B., première, deuxième et troisième classes; D. L., deuxième cuvée.

PRINCIPAUX PROPRIÉTAIRES

MM. Jean-Baptiste Brugnot.
Brugnot-Michelot.
Cavin-Michelot.
Darviot-Albertier.
Demoisy-Aubry.
Fèvre-Gauthereau.
Adolphe Fougère.
Girard-Bourgogne.
Les hospices civils de Beaune
La Charité de Beaune.
Jean-Baptiste Lochardet.

MM. Marey-Monge.
Micault-Hubert.
Michelot-Jarlaud.
Alexandre Mussy.
Pacaud-Taboureau.
Potier-Bitouzet.
Poulet-Moissenet.
François Rousselin.
Tartois-Perreau.
Voillot-Lochardet.

Clos de la Mousse (le). — D. L., première cuvée; C. A. B., première classe.

PROPRIÉTAIRE

M. Antonin Bouchard, de la maison Bouchard père et fils.

Orme (En l'). — C. A. B., première classe.

PROPRIÉTAIRE

Le bureau de bienfaisance d'Allerey.

Perrières (les). — C. A. B., première classe.

PRINCIPAUX PROPRIÉTAIRES

MM. Claude Chaffotte.
François Galette.
Guyot-Didier.
Hospices civils de Beaune.

MM. Maire et fils.
Mignotte-Picard et Cⁱᵉ.
Gustave Theuriet.

Domaine de la Maison Ferdinand Buffet, négociant-propriétaire à Beaune (Côte-d'Or).
Propriétaire à *Volnay, Chassagne-Montrachet, Corpeau,* etc.

Caves, Magasins et Bureaux de la Maison Ferdinand Buffet,
négociant-propriétaire, à *Beaune* (Côte-d'Or), *Volnay, Chassagne-Montrachet, Corpeau*, etc.

CHARLES BUREL

PROPRIÉTAIRE

& NÉGOCIANT EN VINS

à BEAUNE

COTE-D'OR

Pertuisots (les). — C. A. B., première classe.

PRINCIPAUX PROPRIÉTAIRES

MM. de Benoist-Bachey.
Le Bureau de bienfaisance
d'Allerey.
Le Bureau de bienfaisance
de Beaune.
Antoine Chalon.
Louis Chevignard.
Jules Champonnois.

MM. Demoisy-Aubry.
Les héritiers Billardet.
Mignotte-Picard et Cⁱᵉ.
Pignolet-Sordet.
R. de Poligny.
Pierre Ponnelle.
La Ville de Beaune.

**Reversées (les). — C. A. B., première et deuxième classes ;
D. L., deuxième cuvée.**

PRINCIPAUX PROPRIÉTAIRES

MM. Louis Blanlot, de la maison
Albert Morot, à Beaune.
Les héritiers Billardet.
Antonin Bouchard.
Antoine Chalon.
Darviot-Albertier.
Jules Duband.
Gustave Guelaud.

MM. Bénigne Guenot.
Les hospices civils de
Beaune.
Ernest Marey.
Marey-Monge.
Michel-Huguenin.
Constance Nerat.

Clos du Roi (le). — D. L., première cuvée; C. A. B., première, deuxième et troisième classes.

PRINCIPAUX PROPRIÉTAIRES

MM. Alphonse Beaudet.
de Benoist.
Adolphe Bouchard.
Antonin Bouchard.
Caromentran-Pelletier.
Chanson père et fils.
Coste d'Azincourt.
Darviot-Albertier.
Devello-Dupont.
Duthu-Nicolas.
Duvault-Blochet.
Gras-Grizot.
Gustave Guelaud.

MM. Henriot-Madon.
Les hospices civils de Beaune.
Léger-Béranger.
Maire et fils.
Morelot.
Moyne-Jacqueminot.
Noirot-Perreau.
Victor Paufard.
Perdrier-Lavirotte.
Taboureau-Gauthey
Gustave Theuriet.

Seurey (les). — C. A. B., première classe.

PRINCIPAUX PROPRIÉTAIRES

MM. Antonin Bouchard, etc.

Sizies (les). C. A. B., première classe; D. L., deuxième cuvée.

PRINCIPAUX PROPRIÉTAIRES

MM. Adolphe Bouchard.
Antonin Bouchard.
Bert-Veuillet.
Chanson père et fils.
Champy.
Louis Chevignard.
Jean-Baptiste Chereau.
Claude Fontaine.
Adolphe Fougère.
Les Hospices de la Charité.

Hospices civils de Beaune.
MM. Antoine Ligeret.
Philippe Lacaille.
Mallot-Guy.
Victor Paufard.
Perrin de Saux.
Perdrier-Arvier.
R. de Poligny.
Louis Rude.
Jules Senard.

Magasins, Caves et Bureaux de la Maison Champy père et Cie, à Beaune.
Propriétaire à *Pommard, Beaune, Clos de Vougeol* ; à *Morey*, des récoltes du clos de Tart.

Clos de Tart (Commune de *Morey*)
dont la Maison **Champy** de Beaune a le monopole des récoltes.

Maison **CHANSON PÈRE & FILS**, à Beaune.

Caves et Magasins aménagés dans l'un des anciens bastions de la Ville.

Aperçu des caves de la Maison Chanson père et fils, de Beaune (Coupe verticale).

Sansvignes ou Cent Vignes, climat divisé en deux sections qui sont les *Sansvignes Basses* et les *Sansvignes hautes*. — C. A. B., première et deuxième classe ; D. L., deuxième cuvée.

PRINCIPAUX PROPRIÉTAIRES

MM. Abel Bachey.
Bert-Veuillet.
Antonin Bouchard.
Carementran-Pelletier.
Jules Champonnois.
Chanson père et fils.
Compain-Martin.
Darviot-Albertier.
Develle-Dupont.
Drouhin-Fouquerand.
Jules Duban.
Duvault-Blochet.
Adolphe-Fougère.
Claude Gerbeaux.
Gorges Célestin.
Gustave Guelaud.
Hospices civils de Beaune.
La Charité.
Laboureau-Lamarche.
Louis Lagarde.

MM. Léger-Béranger.
Pierre Leblanc.
Henri Martin.
Mailly-Perrin.
Michel-Chapuis.
Claude Meneveau.
Adolphe Molin.
Moyne-Jacqueminot.
Naudin-André.
Constance Nerat.
Paufard (Victor).
Perrin de Saux.
Charles Parizot.
R. de Poligny.
Pierre Ponnelle.
Jules Senard.
Vieilhomme.
Victor Verneaux.
La Ville de Beaune.

Bas des Teurons. — C. A. B., première et deuxième classes; D. L., troisième classe.

PRINCIPAUX PROPRIÉTAIRES

MM. Bilié.
Adolphe Bouchard.
Antonin Bouchard.
Duvault-Blochet.
Adolphe Fougère.
François Galette.
Gustave Guelaud.
Guyot-Bidault.
Hospices civils de Beaune.
Alexis Loubet.

MM. Marey-Monge.
Moreau-Raquet.
Jacques Parent.
Perdrier-Arvier.
R. de Poligny.
Pierre Ponnelle.
Victor Raquet.
Simonet-Garnier.
Gustave Theuriet.
La Ville de Beaune.

Caves, Chaix et Bureaux de la Maison Jolliot-Paulin, à Beaune (Côte-d'Or).
Maison fondée en 1861, propriétaire de vignobles à Beaune. *Vins fins et ordinaires.*

Tiélandry (En) ou Clos Landry. — C. A. B , première, classe.

SEUL PROPRIÉTAIRE
M. Antonin Bouchard, de la maison Bouchard père et fils.

Teurons (les). — C. A. B., première et deuxième classes; D. L., deuxième cuvée; *qu'on devrait peut-être classer dans les premières* (Lavalle).

PRINCIPAUX PROPRIÉTAIRES

MM. Alphonse Beaudet.
Antonin Bouchard.
Antonin Bourgeois.
Antoine Chalon.
Champy.
Chanson père et fils.
Compain-Martin.
Desbois-Poussuet.
Pierre Dubois.
Duvault-Blochet.
Adolphe Fougère.
Gustave Guelaud.
Hospices civils de Beaune.
La Charité.
Jantet-Billard.
Charles Lavirotte.

MM. Pierre Leblanc.
Alexis Loubet.
Ernest Marey.
Masson.
Misserey-Moreau.
L.-A. Montoy.
Podechard-Jolliot.
Claude Pellardy.
Perny-Grapin.
Perrin de Saux.
Boucher-Battault.
Rouget-Perret.
Thevenin-Guyot.
Gustave Theuriet.
La Ville de Beaune.

Toussaints (les ou Es). — D. L., première cuvée; C. A. B., première classe.

PRINCIPAUX PROPRIÉTAIRES

MM. Bert-Veuillet.
Antonin Bouchard.
Adolphe Fougère.
Gautron-Arbigny.
Guyot-Bidault.
Antoine Ligeret.
Adolphe Molin.

MM. Pignolet-Sordet.
R. de Poligny.
Gustave Theuriet.
Thévenin-Guyot.
Victor Vernot.
Henri Vieilhomme.
La Ville de Beaune.

Vignes Franches (les). — D. L., première cuvée; C. A. B., première classe.

PRINCIPAUX PROPRIÉTAIRES

MM. de Benoist.
Antoine Chalon.
Emile Champy.
Chanson père et fils.
François Chambion.
Darviot-Albertier.
Demoisy-Aubry.
Pierre Dubois.
Duvault-Blochet.

MM. Gustave Guelaud.
Hospices civils de Beaune.
Louis Lagarde.
Mignotte-Picard et Cie.
Moreau-Voillot.
Perrin de Saux.
Quirot de Poligny.
Taisant-Piffaut.

Creusotte (la). — D. L., deuxième cuvée; C. A. B., deuxième et troisième classes.

PRINCIPAUX PROPRIÉTAIRES

MM. Louis Blanlot, de la maison
Albert Morot, à Beaune.
Antonin Bouchard.

Bureaux de bienfaisance d'Allerey.
Les Hospices de la Charité.
M. Moreau-Raquet.

Faubourg Saint-Martin. — C. A. B., deuxième et troisième classes.

CLIMAT TRÈS DIVISÉ

Foulot (le). — C. A. B., deuxième et troisième classes.

PRINCIPAL PROPRIÉTAIRE

La Congrégation de Saint-Joseph.

Longbois. — C. A. B., deuxième et troisième classes.

PRINCIPAUX PROPRIÉTAIRES

MM. Barberet-Bonnard.
Antonin Bouchard.
Eugène Cuinet.
Darviot-Albertier.
David Desbois.
Escars-Noize.

MM. Garraud-Richard.
Guillemard-Morand.
Antoine Lochardet.
Marey-Repiquet.
La Ville de Beaune.

M. LOUIS LATOUR, négociant à Beaune,

propriétaire des vignobles et château de Corton-Grancey, à Aloxe-Corton.

MAISON FONDÉE EN 1797

~~~~~~~~

Maisons à **Aloxe-Corton, Beaune** et **Pommard.**

Propriétaire de vignobles dans les communes de :

Volnay : *Aux Mitans, — Ronceret, — Les Angles, — La Gigotte, — En Veau, — Les Cros Martin, — Les petits Cros Martin.*

Pommard : *Aux Petits Epeneaux.*

Savigny : *Aux Boultières.*

Pernand : *Aux Charlemagne, — Ile des Hautes Vergelesses, — Fichots, — Basses Vergelesses, — En Caradeux, — Les Noirets.*

Aloxe-Corton : *Aux Grèves, — Perrières, — Corton, — Charlemagne, — Bressandes, — Renardes, — Languettes, — Chaumes, — Paulands, — Valozières, — Chaillots, — Fournières, — Guérets, — Vercots, — Toppe-Martenot* (vignoble dépendant du château de Corton-Grancey récemment acquis par M. LOUIS LATOUR).

Quant à celui anciennement en sa possession, il est situé aux climats de : *Les Perrières, — Clos du Roi, — Bressandes, — Maréchaudes, — Vigne au Saint, — Chaumes, — Chaillots, Fournières, — Meix ou Clos du Chapitre, — Boulottes, — Caillettes, — Cras, — Cras-Poussuet, — Citernes, — Toppe-Martenot, — Les Combes.*

L'ensemble de ces deux vignobles comprend sur le territoire d'Aloxe-Corton 45 hectares dont plus de la moitié sont situés dans les climats produisant les meilleurs vins de Corton.

En y ajoutant les domaines possédés sur Volnay, Pommard, Savigny et Pernand, on obtient un total de 60 hectares environ, dont les neuf dixièmes sont situés dans les climats de vignes fines.

Maison de Vente au Commerce de gros.

Pommard : Maisons, Magasins, Caves et Cuveries de
M. Louis Latour, négociant en vins à Beaune,
Aloxe-Corton et Pommard.

Domaine de M. Louis Latour, à Aloxe-Corton
Propriétaire du Château de Corton-Grancey.
Maisons à Beaune, Pommard et Aloxe-Corton

CHATEAU DE CORTON-GRANCEY
Propriété de M. Louis Latour, à Aloxe-Corton (1) (Côte-d'Or).

(1) Voir notice, page ci-contre.

CHATEAU DE CORTON-GRANCEY

(1) En 1749, messire Charles Antoine Gabriel Lebault, président au Parlement de Bourgogne, seigneur de Pichanges, fit construire le château d'Aloxe, dans la plus agréable situation, au pied de la montagne de Corton. En creusant le sous-sol, on trouva une statue représentant le dieu Pan qui, donnée à M. Demangeot, alors curé d'Aloxe, passa dans les collections de M. de Migieu, au château de Savigny.

Après le décès du Président Lebault, arrivé d'Aloxe le 15 novembre 1774, sa fille, Claudine Geneviève Lebault, épousa M. Joseph-Gabriel de Cordoue-Descordes, seigneur d'Auras et autres lieux. A la mort de ce seigneur, le domaine passa à M. Joseph-Gabriel de Cordoué, né à Aloxe le 17 septembre 1778, mort au même lieu le 26 octobre 1857.

Vers 1834, M. de Cordoue fit construire devant son château, au pied de la montagne de Corton, une cuverie et des caves qu'on considère comme les plus belles de la côte.

Ce domaine, à la suite du décès de M. de Cordoue, advint par héritage à M. Galliot de Mandat (Marie-François-Ernest), comte de Grancey-le-Château, marié en 1830 à Mlle Catherine-Eugénie-Rhingarde de Cordoue.

Après les décès de M. de Mandat de Grancey et de Mme de Grancey, morts à Grancey en 1887 et 1890, le château de Corton-Grancey et les vignobles s'y rattachant furent acquis par M. Louis Latour, d'Aloxe-Corton, dont la maison de commerce, fondée à Beaune en 1797, y a son siège principal et des succursales à Aloxe-Corton et Pommard.

Le vignoble dont il est question plus haut est situé dans les climats suivants :

Aloxe-Corton : *Aux Grèves, — Perrières, — Corton, — Charlemagne, — Bressandes, — Renardes, — Languettes, — Chaumes, — Paulands, — Valozières, — Chaillots, — Fournières, — Guérets, — Vercots, — Toppe-Martenot* (vignoble dépendant du château de Corton-Grancey acquis par M. Louis Latour).

Quant à celui anciennement en sa possession, il est situé aux climats de : *Les Perrières, — Clos du Roi, — Bressandes, — Maréchaudes, — Vigne au Saint, — Chaumes, — Chaillots, — Fournières, — Meix ou Clos du Chapitre, — Boulottes, — Caillettes, — Cras, — Cras-Poussuel, — Citernes, — Toppe-Martenot, — Les Combes.*

Maison de Vente au Commerce de Gros.

Cuverie et Magasins du Château de Corton-Grancey

Vue intérieure des Caves du Château de Corton-Grancey
Propriété de M. Louis Latour de Beaune.

Mariages (les). — C. A. B., deuxième et troisième classes ; D. L., troisième cuvée.

PRINCIPAUX PROPRIÉTAIRES

Le Bureau de bienfaisance de Beaune.
MM. Joseph Buat.
Develle-Dupont.
Grizot-Pautet.
Madeleine Guidot.
Hospices civils de Beaune.
Henri Kilb.
Laboureau-Lamarche.

MM. Henri Martin.
Michelot-Royer.
Monnot-Chicotot.
Pierre Robin.
Jules Senard.
Joseph Thierry.
Trapet-Perret.
La Ville de Beaune.

Montagne Saint-Désiré (la). — *Vins blancs :* C. A. B., deuxième et troisième classes.

PRINCIPAUX PROPRIÉTAIRES

MM. Abel Bachey.
Adolphe Bouchard.
Antonin Bouchard.
Bourgeois-Micault.
Brugnot-Michelot.
Le Bureau de bienfaisance de Beaune.
Antoine Chalon.
Pierre Chenevet.
Darviot-Albertier.
Duvault-Blochet.
Dessus-Cyrot.
Adolphe Fougère.

MM. Girard-Bourgogne.
Jean-Baptiste Joblot.
Léon Labazerolle.
Maldant.
Charles Moron.
Alexandre Mussy.
Mlle Constance Nerat.
MM. Pagand-Gras.
Pacaud-Taboureau.
Victor Raquet.
Pierre Tixier.
Vernier de Saux.

Pointes des Tuvilains (les). — C. A. B., deuxième classe.

PRINCIPAUX PROPRIÉTAIRES

M. Auguste Naigeon. | Mlle Nérat. | M. Ozanon.

MM. MAIRE & FILS, Propriétaires à Beaune
(Côte-d'Or — France).

Maisons a Londres, New-York, Berlin, etc., etc.

~~~~~~~

L'étendue des vignobles qu'ils possèdent depuis le commencement du siècle est actuellement de plus de onze cents ouvrées plantés en PINOT ou plant fin de Bourgogne et situés dans les meilleurs climats des communes d'Aloxe-Corton, Ladoix-Serrigny, Beaune, Pommard, Meursault et Santenay.

Commune d'ALOXE-CORTON

PRINCIPAUX CLIMATS :

Clos du Roi,
Dole,
Levrière,
Bressandes.

(L'étendue du vignoble sur cette commune est de 125 ouvrées).

Commune de LADOIX-SERRIGNY

PRINCIPAUX CLIMATS :

Rognet et Corton,
Corton,
Les Vergennes,
Clou d'Orge,
Tope d'Avignon.

(L'étendue du vignoble sur cette commune est de 250 ouvrées).

MM. MAIRE & FILS, Propriétaires à Beaune
(Côte-d'Or — France)
(SUITE).

~~~~~~~~~~

Commune de POMMARD

PRINCIPAUX CLIMATS :

Chanlins,
Arvelets,
Chanière,
Petits Epenots,
Grands Epenots,
Perrières.
(L'étendue du vignoble
sur cette commune est
de 180 ouvrées).

Commune de MEURSAULT

PRINCIPAUX CLIMATS

Santenots,
Plures,
Cras,
Goutte d'or,
Terres Blanches,
Genevrières dessus.
(L'étendue du vignoble
sur cette commune est
de 150 ouvrées).

———————

Commune de BEAUNE

PRINCIPAUX CLIMATS :

Clos du Roi,
En Champagne,
Grèves,
Perrières,
Boucherotte,
Chouacheux.
(L'étendue du vignoble
sur cette commune est
de 250 ouvrées).

Commune de SANTENAY

PRINCIPAUX CLIMATS :

Gravières,
Grands Mûrs,
Beauregard,
Passe-temps,
Douée.
(L'étendue du vignoble
sur cette commune est
de 160 ouvrées).

Pirotes (les). — D. L., deuxième et troisième cuvées ;
C. A. B., troisième classe.

PRINCIPAUX PROPRIÉTAIRES

MM. Amoignon-Guyot.
    Brocard-Amoignon.
    Antoine Boussu.
    Chevignard-Morlot.
    Courtot-Thomas.
    Mathieu Coulnot.
    Demoisy-Aubry.
    Duvault-Blochet.
    Pierre Garnier.
    Pierre Gonnet.
    Guyot-Bidault.
    Alfred Jolliot.

MM. Louis Lagrange.
    Laboureau-Plait.
    Léger-Béranger.
    Michelot-Maurice.
    François Micault.
    Mignotte-Picard et Cie.
    Victor Paufard.
    Petit-Henriot.
    Antoine Rousseau.
    Rose Guyot.
    Pierre Voillot.

Renard (Aux). — C. A. B., deuxième et troisième classes ;

PRINCIPAUX PROPRIÉTAIRES

M. Adolphe Fougère. | Les Hospices civils de Beaune.
La Ville de Beaune.

Tuvilains (les). — D. L., deuxième cuvée ; C. A. B.,
deuxième classe.

PRINCIPAUX PROPRIÉTAIRES

MM. de Benoist-Bachey.
    Bert-Veuillet.
    Antonin Bouchard.
    Jean Carementran.
    Louis Chevignard.
    Develle-Dupont.
    Gauthey-Arnoux.
    Guyot-Bidault.
    Jantet-Villard.
    Louis Lagarde.

MM. Antoine Ligeret.
    Martin-Mussy.
    Adolphe Masson.
    Victor Paufard.
    Perrin de Saux.
    Rouget-Perret.
    Tixier-Pommier.
    Simonnet-Garnier.
    Victor Verneaux.
    La Ville de Beaune.

Clos des Langres (canton de Nuits)
Propriété de M. L. Arthur Montoy, de Beaune (1).

---

(1) Ce domaine comprend les bâtiments d'exploitation, cuverie, etc., de la propriété et des vignobles de la côte de Beaune.

Domaine de **Beaune** :

Aux Grèves,
Aux Cras,
Clos des Avaux-Champs Pimont. } Têtes de cuvée.

Theurons,
Aigrots,
Aux Couchereaux ou Coucherias,
Aux Blanches Fleurs,

Région des vins blancs : *Aux Mansennières.* } 1re et 2e classes.

Domaine de **Corgoloin** :

Grand Clos des Langres.

M. Moreau - Voillot,
Propriétaire-négociant, à Beaune (Côte-d'Or)

~~~~~~~~~~

Voici la nomenclature des propriétés formant le domaine de M. Moreau-Voillot dans les communes de :

Aloxe-Corton : *Le Corton, — Renardes-Corton, — Chaumes de la Voierosse, — Les Perrières, — Les Combes.*

Pernand : *En Caradeux, — Sous le bois de Noël et Belles Filles, — Les Fichots.*

Beaune : *Vignes-Franches.*

Puligny-Montrachet : *Batards-Montrachet, — Bienvenues, — Les Saussis, — Le Grand Bois, — La Boudriotte.*

Chassagne-Montrachet : *Batards-Montrachet, — Criots, — Houillères, — Journoblot, — Voillenot Dessus, — Les Macherelles, — La Bergerie, — Les Essarts, — Les Ferrandes, — Les Ancenières et Aubues.*

━━━━━━━━━━━━━━━━━━━━━

Boiches (les). — D. L., troisième cuvée.

PRINCIPAUX PROPRIÉTAIRES

MM. Cornu-Rollet.
Jean Demas.
Duban-Laligant.

MM. Claude Monnot.
Richard-Robelin.

Faubourg de Bouze. — C. A. B., troisième classe.

CLIMAT TRÈS DIVISÉ

Parmi les propriétés importantes, citons le clos Saint-Philibert, appartenant à la ville de Beaune, et où se trouve installée l'*École pratique de viticulture.*

Champagne de Savigny. — D. L., troisième cuvée ; C. A. B., troisième classe. Climat très divisé, citons parmi les

PRINCIPAUX PROPRIÉTAIRES

M. Mignotte-Picard et Cⁱᵉ.

M. Pierre Ponnelle, etc., etc.

Prevolles (les). — C. A. B., deuxième et troisième classes; D. L., troisième cuvée.

PRINCIPAUX PROPRIÉTAIRES

MM. Claude Ozanon.
Battault-Martin.
Barberet-Bonnard.
Antonin Bouchard.
Le Bureau de bienfaisance
   d'Allerey.
Carementran-Picard.
Louis Chevillard.
Champy.
Jules Duban.
Duvault-Blochet.
Fauveau-Guidot.
François Galette.
Albert Gauthey.
Gauthier-Champy.
Gillotin-Dufour.
Hospices civils de Beaune.
Lafouge-Mussy.
Laboureau-Lamarche.
Antoine Lochardet.
Adolphe Loiseau.
Alexis Loubet.
Laboureau-Robelin.
Henry Martin.

MM. Marey-Drouhin.
Marey-Repiquet.
Mauclerc-Bizot.
Edmond Maurice.
François Micault.
Mignotte-Picard et Cie.
Pierre Michelot.
Mussy-Guillemard.
Morelot.
Claude Monnot.
Adolphe Molin.
Henri Moquin.
Jacques Moissenet.
Mlle Nérat.
Victor Paufard.
R. de Poligny.
Ricaud-Genoudet.
Rougetet-Leger.
Pierre Robin.
Jules Senard.
Tissier-Pommier.
Claude Trapet.
Trapet-Bard.
Victor Verneaux.

Epaules ou Paules (les). — D. L., troisième cuvée; C. A. B., troisième classe.

PRINCIPAUX PROPRIÉTAIRES

Mme Vve Simon Beaudot.
Le Bureau de bienfaisance
   de Beaune.
MM. Alfred Colin.
François Galette.
Hospices civils de Beaune.

MM. Louis Lagarde.
Morelot.
Louis Ponsot.
Parent-Morand.
Rouget-Perret.

Château de la Creusotte, propriété de M. L. Blanlot, de la
Maison Albert Morot, à Beaune.

MÉDAILLE D'OR A L'EXPOSITION UNIVERSELLE, PARIS 1889.

Caves superposées, taillées dans le roc, de la Maison
Albert Morot (propriété de M. L. Blanlot, gendre et associé).
(Contenance 2800 pièces).

Chardonnereux (les). — D. L., troisième cuvée; C. A. B., troisième classe.

PRINCIPAUX PROPRIÉTAIRES

MM. Boistot-Thivet.
Le Bureau de bienfaisance de Beaune.
Champy.
Chaussier-Champy.
Mathieu Coulnot.
François Cornu.
Drouhin-Pallegoix.
Gauthier-Champy.
Gillotin-Dufour.
Guenot-Renard.

MM. Guiral-Cornetto.
Guyot-Vaivrand.
Les Hospices civils de Beaune.
Hospices de la Charité de Beaune
MM. Maurice Huvelin.
Loiseau-Courreau.
Alexis Loubet.
Masson-Gauthron.
Passerotte-Guillemard.
Perrin de Saux.
Louis Tissier.

Levées (les). — D. L., troisième cuvée; C. A. B., troisième classe.

PRINCIPAUX PROPRIÉTAIRES

M. Louis Chevillard. | M. Passerotte-Guillemard. | M⁰⁰ Vᵛᵉ Poillot

Longes (les). — C. A. B., troisième classe.

PRINCIPAL PROPRIÉTAIRE

M. Coste d'Azincourt.

Lulunne (En). — C. A. B., troisième classe.

PRINCIPAUX PROPRIÉTAIRES

MM. Bizot-Fortier.
Jean-Baptiste Brugnot.
Adolphe Fougère.
Jacques Gras.
Claude Gonnet.
Michelot Gonnet.
Gerbeau-Breton.

MM. Jean-Baptiste Lochardet.
Claude Michelot.
Charles Moron.
Ropiteau-Riveau.
Rodier-Dessus.
Voillot-Michelot.

Maladière (la). — D. L., troisième cuvée.

PRINCIPAUX PROPRIÉTAIRES

M. Alexis Maldant, etc., etc.

Domaine de M. Moyne-Jacqueminot, à Savigny-les-Beaune
(Chef de la Maison **Les Fils de G. Jacqueminot**, à Beaune) (1).

MAISON FONDÉE EN 1825.

(1) Bureaux à Beaune, Caves et Magasins à Savigny.

Médailles d'or, pour les vins de ses récoltes aux Expositions Universelles de Paris 1867 et 1889.

Toutes les vignes dont nous donnons ci-dessous la nomenclature sont de vieux plants français et ont été parfaitement cons·~vées par le traitement au sulfure de carbone.

M. Moyne-Jacqueminot possède entre autres belles propriétés vinicoles la plus grande partie du célèbre climat de **Corton** :

Commune de **Beaune** : *Les Marconnets*, — *Le Clos du Roi*, — *Les Bressandes* (1ᵉ classe);

    Les Cent Vignes, — *Les Blanches Fleurs* (2ᵉ classe);

    Montbattois.

—   —   **Savigny** : *Les Guettes*, — *Les Serpentières*, — *Les Gravains*, — *Les Lavières*, — *Les Talmettes* (1ʳᵉ classe);

    Petits Godeaux, — *Les Liards*, — *Les Fourches*, — *Les Picotins*, — *Les Ratausses*, — *Le Redrescul* (2ᵉ classe);

    La Galloise, — *Champ des Pruniers* (3ᵉ classe).

—   —   **Aloxe-Corton** : **Le Corton**, — *Les Renardes* (hors lig., 1ʳᵉ classe) *Les Citernes* (3ᵉ classe).

—   —   **Chorey** : *Les Beaumonts.*

**Savigny : Celliers, Caves et Magasins de la Maison
Les Fils de C. Jacqueminot, à Beaune (Côte-d'Or).**

6*

Rôles (les). — D. L., troisième cuvée.

PRINCIPAUX PROPRIÉTAIRES

MM. Bonnardot-Gossot.
Pierre Boussu.
Jean-Baptiste Broichot.
Maxime Canier.
Antoine Chalon.
Chicotot-Renevey.
Desbois-David.
Desbois-Poussuet.
Louis Duthu.
Nicolas Forest.
Jacques Gonnet.
Guillemard-Drouhin.
Louis Hudelot.
Laboureau-Lamarche.
Lagrange.
Paul Leneveu.

MM. Joseph Leroy.
Mignotte-Picard et Cⁱᵉ.
Monnot-Guillemard.
Monnot-Laboureau.
Morand-Marillier.
Albert Passerotte.
Perdrier-Arvier.
Personne-Moncharmont.
Poillot-Maréchal.
Jean Reither.
Taisant-Tremeau.
Antoine Taboureau.
Mᵐᵉ Vᵛᵉ Thoux-Leneveau.
M. Trapet-Bard
La Ville de Beaune.

Sceaux (les). — D. L., troisième cuvée; C. A. B., troisième classe.

PRINCIPAUX PROPRIÉTAIRES

MM. Dominique Boussu.
Emile David.
Claude Fontaine.
Fontaine-Boissot.
Jacoby-Simon.
Jagniard-Béranger.
Claude Marchand.

MM. Adolphe Molin.
Pierre Robin.
Antoine Rousseau.
Victor Simonnot
de Vergnette-Lamotte.
Victor Verneaux.

Belissand ou Belissart. — C. A. B., deuxième classe ; D. L., troisième cuvée.

PRINCIPAUX PROPRIÉTAIRES

MM. Adolphe Bouchard.
Antonin Bouchard.
Louis Dugait.
Hospices civils de Beaune.

MM. Constance Nérat.
Pauvelot-Robelin.
Claude Ozanon.

Clos et Cuverie du Château de Chassagne-Montrachet.
Propriété de M. A. Masson - Dubois.
Louis Poisot-Gros, successeur à Beaune. (I).

(I) Maison fondée en 1803. Médailles d'or et d'argent aux Expositions universelles pour les vins de ses Domaines.

Les vignobles exploités par M. L. Poisot comportent un ensemble de trente hectares environ dans les meilleurs crûs de *Chassagne, Montrachet. Beaune, Savigny-les-Beaune, Aloxe et Corton.*

Chassagne : Champs-Derrière (Clos du Château), — Le Clos-Devant, — Plante-du-Gué, — Voillenot-Dessus, — Bâtards-Montrachet.

Puligny : Chevaliers-Montrachet.

Le vignoble important de famille, situé sur les communes de Savigny-les-Beaune, Pernand et Aloxe-Corton, comprend 19 hectares environ.

Savigny-les-Beaune : Marconnets, — Jarrons, Guettes, — Gravains, — Vergelesses.

Pernand : Basses-Vergelesses.

Aloxe-Corton : Bressaudes, — Perrières, — Fournières, — Chaillots.

Abbaye Saint-Martin (Façade des Beaune-Grèves et Prieuré)
Propriété de M. Pierre Ponnelle, négociant à Beaune.

Abbaye de Saint-Martin (Côté du Stagnum)
Propriété de M. Pierre Ponnelle, négociant à *Beaune* (1).

(1) Voir à la page suivante la notice sur cette intéressante propriété.

Caves de l'Abbaye, rue Maisières
Établissement vinicole de M. Pierre Ponnelle, négociant à Beaune

Notice sur l'Abbaye de Saint-Martin.

Propriété de **M. Pierre Ponnelle**, très agréablement située au pied des grands vignobles, entourée par le courant limpide du ruisseau de l'Aigue, dont les sinuosités forment plusieurs îlots. Parc ravissant avec le *stagnum* des anciens au milieu duquel ont été retrouvés des ex-voto très curieux.

Grâce aux goûts historiques du propriétaire, les restes de l'Abbaye ont été admirablement restaurés. Selon plusieurs historiens, l'aile droite du xive siècle fut jadis occupée par Mariotte, le physicien qui en fut le dernier prieur. C'est aussi dans cette Abbaye, qui touche aux Beaune Grèves, qu'Alexandre Dumas fait vivre son moine Gorenflot.

Le plus précieux bijou de l'île de l'Aigue, est la chapelle dont M. Ponnelle a retrouvé l'origine gallo-romaine. Élevée sur les ruines d'un temple païen dédié à Belen, la chapelle de l'Abbaye est le monument historique le plus ancien de la contrée et le premier oratoire chrétien édifié à Beaune ; le parc qui l'entoure est une vaste nécropole remplie de sépultures mérovingiennes. Dans ses fouilles, M. Ponnelle a retrouvé de nombreux sarcophages de l'époque, une corniche du temple gallo-romain, des monnaies en argent de Philippe Auguste, etc., etc.

Le mur païen de la chapelle s'élève à deux mètres dans la salle à manger ; mise à nu, cette trouvaille excite au plus haut point l'admiration des archéologues ; on y retrouve l'appareil tout primitif du ive siècle surmonté du xie.

La chapelle se trouvant en sous-œuvre, il n'y a que l'abside qui fasse saillie ; l'appareil en cul de four fidèlement restauré est un des plus beaux spécimens du style roman bourguignon.

(*Extrait des historiens bourguignons : Gandelot, Rossignol, Ch. Bigarne, Ch. Aubertin, Travaux de la Société d'Archéologie et surtout : l'Abbaye de Saint-Martin de l'Aigue, par Edmond Quantin, chez A. Devis, libraire à Beaune*).

Chapitre.

Établissement vinicole de M. Pierre Ponnelle, à Beaune (1).

---

(1) M. Pierre Ponnelle, négociant-propriétaire de l'Abbaye Saint-Martin, à Beaune, et de vignobles, dans les grands crûs dont ci-dessous l'énumération :

Commune de **Chambolle-Musigny** :

—	—	*Grand-Musigny.*
—	—	*Bonnes-Mares.*
—	—	*Chambolle 1ᵉ, Argillières.*
—	Beaune :	*Beaune-Grèves.*
—	—	*Beaune-Theurons.*
—	—	*Beaune-Avaux.*
—	—	*Beaune-Pertuisots.*
—	—	*Beaune-Cent Vignes.*
—	—	*Champagne de Savigny (Passe tout Grain),*
—	—	*La Blanchisserie.*

Récoltant sur : *Morey, — Pommard, — Volnay, — Meursault, — Santenay* et *Chassagne-Montrachet.*

Cuverie et caves du Chapitre à Beaune.

Cuverie à Chambolle-Morey.

(Cuverie)   Chapitre   (Caves)
Établissement vinicole de M. Pierre Ponnelle, à Beanne.

M. NESTOR PORTRON,
propriétaire à Beaune

Cette maison a une spécialité de grands vins mousseux de Bourgogne et réserve sa production au commerce de gros.

MÉDAILLE D'OR A L'EXPOSITION UNIVERSELLE DE 1889, A PARIS.

Siserpe (En). — *Vins blancs :* C. A. B., troisième classe.

PRINCIPAUX PROPRIÉTAIRES

MM. Louis Amyot.
  Bard-Laboureau.
  Billard-Michelot.
  Broichot-Gauthey.
  Antonin Bouchard.
  Jean-Baptiste Celerier.
  Coste d'Azincourt.
  Drouhin-Paillegoix.
  Pierre Dubois.
  Claude Fontaine.
  Gagnard-Fontaine.
  Garraud-Richard.
  Jacques Gras.

MM. Paul Grizot.
  Guillemard-Drouhin.
  Gousset-Germain.
  Henriot-Garnier.
  de Juigné.
  Martin-Mussy.
  Michelot-Cavin.
  Mignotte-Picard et Cie.
  Montoy-Goichot.
  Claude Nicolle.
  Poussuet-Renot.
  Claude Poussuet.
  La Ville de Beaune.

Blanchisserie (la). — C. A. B., deuxième et troisième classes.

PRINCIPAUX PROPRIÉTAIRES

MM. Delinotte-Bailly.
  Guyot-Bidault.
  Mallet-Guy.
  Pierre Ponnelle.
  Prévost-Thiard.

MM. Rouget-Perret.
  Jardet-Broichot.
  Jardet-Coulnot.
  Thiard.

G. ROBERDET

PROPRIÉTAIRE ET NÉGOCIANT

à BEAUNE (Côte-d'Or)

~~~~~~~~

MAISON FONDÉE EN 1857

VINS DE BOURGOGNE, DU MACONNAIS

ET DU BEAUJOLAIS

EXPORTATION

Bons Feuvres (les). — C. A. B., deuxième et troisième classes.

PRINCIPAUX PROPRIÉTAIRES

MM. Battault.
Billard-Glantenay.
Bizot-Fortier.
Broichot-Barberot.
Champy.
Chicotot-Boillot.
Clerget-Ropiteau.
Chanson père et fils.
Mathieu Coulnot.
Desbois-Poussuet.
Develle-Dupont.
Duvault-Blochet.
Adolphe Fougère.
Adolphe Grivot.
Grivot-Battault.
Hospices civils de Beaune.
Jacquelin.

MM. Jacquelin-Lochardet.
Alfred Jolliot.
Laboureau-Reine.
Louis Lagarde.
Lochardet.
Jean-Baptiste Marque.
Adolphe Molin.
Morand-Blanchet.
Marguerite Mussy.
Joseph Perreau.
Petiot-Dorey.
Perny-Grapin.
Ponsot-Perreau.
Victor Raquet.
Rocault-Gillot.
Louis Sirot.
Serrigny.

LABAUME AINÉ & FILS,
ROYÉ LABAUME & C° succrs, à Beaune (Côte-d'Or).

~~~~~~~~~~~

MAISON FONDÉE EN 1734

——◦——

Médaille d'or à l'Exposition universelle de Paris en 1889

Son vignoble, dont nous donnons ci-dessous la composition, fait de cette maison l'une des mieux placées pour le commerce des vins fins et des grands ordinaires.

Commune d'ALOXE-CORTON

Corton Clos du Roi,		Guérets,	
Renardes Corton,		Petits Vercots,	
Chaumes,	Hors ligne	Caillettes,	
Bressandes,	1re classe	Cras Poussuets,	2e classe
Flètres,		Citernes,	
Grèves		Valozières,	
Fournières,	1re classe		
Chaillots,			

Commune de SAVIGNY-LES-BEAUNE

Les Vergelesses,		Fourneaux,	
Les Narbantons,		Pimentiers,	
Les Dominodes,		Liards,	
Les Jarrons,	1re classe	Conardises,	2e classe
Les Guettes,		Peuillets,	
Les Talmettes,		Champ des Pruniers,	
		Boutières,	
		Planchots,	

Commune de BEAUNE

Les Bressandes,	1re classe	Les Avaux,	1re classe
Les Marconnets,		Les Reversey,	

Commune de PERNAND

Les Vergelesses,	1re classe	Les Fichots,	1re classe
Les Basses Vergelesses,		Les Boutières,	2e classe

Commune de CHOREY

Les Beaumonts,	1re classe	Champs longs,	1re classe
Les Ratosses,		Tue-Bœuf,	

Caves et Magasins à Beaune,
Propriété de M. Jules Senard, d'Aloxe-Corton (1).

(1) M. Jules Senard a obtenu des médailles aux expositions de 1867 et 1889 Pour les vins de ses récoltes.

Voici la nomenclature de ses principales propriétés :

Commune de Vougeot : Au Clos Vougeot.

— — Aloxe-Corton : Corton, Clos du Rol, — *Les Meix*, — *Bressandes*, — *Pauland*.

Charlemagne

Cras Poussuets, — *Le Meix Lallemand*, — *Valozières*.

Renardes.

Caillettes, — *Cercottes*, — *Chaillots*, — *Guérets*, — *Tope Saulée*, — *Bruyères*.

— — Pernand : *Aux Fichots*.

— — Chorey : *Aux Champlongs*.

— — Beaune : Clos des Mouches.

Champimonts, — *Prévolles*, — *Sizies*, — *Boucherottes*, — *Mariages*, — *Aigrots*, — *Epenottes*, — *Cent Vignes*.

Domaine à Aloxe-Corton, propriété de M. Jules Senard.

M. GUSTAVE THEURIET,
propriétaire et négociant à Beaune.

Les vignes possédées par M. G. Theuriet sont situées dans les meilleurs crûs du territoire de Beaune et notamment :

VINS ROUGES

Grèves,	Clos du Roi,
Bressandes,	Perrières,
Marconnets,	Theurons,
Toussaints,	Champimonts,

VINS BLANCS

Clos de la Grande Châtelaine.

Verrottes (les). — D. L., troisième cuvée; C. A. B., troisième classe.

PRINCIPAUX PROPRIÉTAIRES

MM.	MM.
Armand-Prieur.	Gauthey-Arnoux.
Emile Bézulier.	Edouard Girardot.
Alfred Bonnardot.	Gustave Guelaud.
Bonnardot-Gauthey.	Jean-Baptiste Guyot.
Bouzereau-Guyot.	Hospices civils de Beaune.
Jules Champonnois.	L'Héritier-Guyot.
Emile Champy.	Edmond Maurice.
Jean-Baptiste Charrière.	Claude Marchand.
Dorlin-Langerotte.	Monnot-Garnier.
Duvault-Blochet.	Jean-Baptiste Prieur.
François Galette.	Rouget-Perret.
François Garnier.	de Vergnette-Lamotte.

Bureaux, Magasins et Caves de la Maison Léon Violland.
propriétaire-négociant, à Beaune (1).

---

(1) Cette maison, fondée en 1811, possède de très vastes caves et magasins aménagés depuis quelque temps déjà, suivant les besoins toujours grandissants de son commerce qui s'étend chaque année.

Son organisation économique et intelligente, de même que ses excellents rapports avec tous les bons propriétaires de la région, lui permettent de livrer à sa nombreuse clientèle des vins tout à fait supérieurs aux conditions les plus avantageuses.

Des collaborateurs dévoués, attachés depuis de longues années à cette importante maison, apportent la meilleure attention à l'exécution des ordres, et leur grande expérience, dans le choix des vins, est une garantie de la bonne qualité des envois.

Afin de répondre aux divers besoins de sa clientèle très variée, la maison possède un stock considérable de tous les crûs, depuis les ordinaires jusqu'aux plus fins, en vins rouges et blancs, de vins mousseux, d'eau-de-vie de marc, etc., etc., toutes marchandises de qualité irréprochable, livrées aux meilleures conditions.

En Champagne,	MM. Maire et fils, etc.
La Châtelaine (Vins blancs),	Antonin Bouchard. Gustave Theuriet.
Clos des Châlets,	L. et A. Beaudet frcs.
Closeau (Vins blancs),	Antonin Bouchard.
Hauts Jarons,	Champy.
Jarons,	Champy.
En Monde-Ronde (Vins blancs),	Antonin Bouchard.
Les Montbattois,	Moyne-Jacqueminot.
Pierre Blanche (Vins blancs),	Antonin Bouchard.

PRINCIPAUX PROPRIÉTAIRES

Etc., etc.

DIJON, IMPRIMERIE DARANTIERE

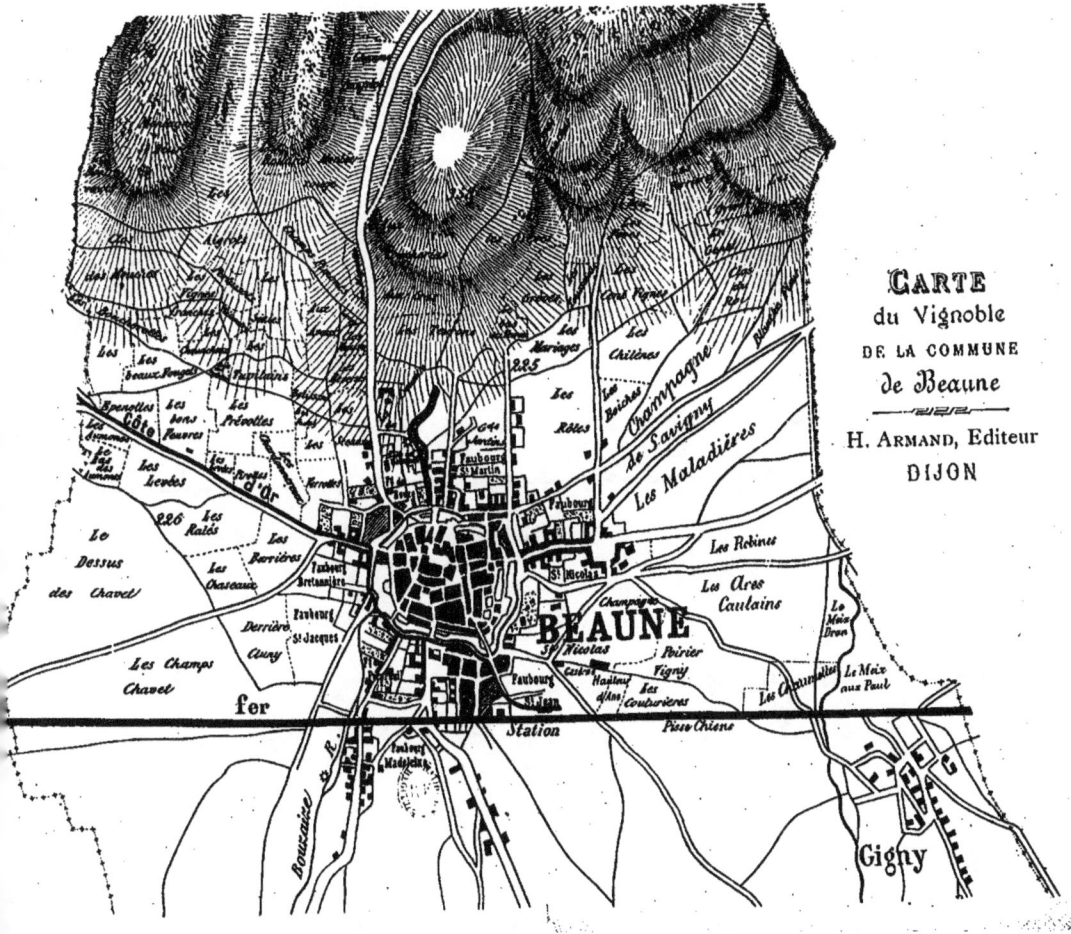

CARTE
du Vignoble
DE LA COMMUNE
de Beaune

H. ARMAND, Editeur
DIJON

www.ingramcontent.com/pod-product-compliance
Lightning Source LLC
Chambersburg PA
CBHW060633100426
42744CB00008B/1610